Weihnachtsbäckerei

*Meine Backrezepte für die Weihnachtszeit
von Bernd Siefert*

Tre Torri

Inhalt

Vorwort 5
Einleitung 6

Deutsche Klassiker 8
Internationales Weihnachtsgebäck 67
Neue Kreationen 103
Lebkuchen 117
Weihnachtsstollen 131
Kuchen, Torten, Desserts & andere Klassiker 143
Grundrezepte & Glasuren 156

Rezeptregister 158

Vorwort

Man sagt, die Vorfreude sei die schönste Freude, und das trifft ganz besonders auf die Vorweihnachtszeit zu. Manch einer glaubt zwar, man sollte nicht vor dem ersten Advent mit dem Plätzchenbacken beginnen, wir finden aber, dass es damit nicht früh genug losgehen kann. Denn was duftet und schmeckt so gut wie Weihnachtsgebäck?

Selbst Gebackenes eignet sich nicht nur hervorragend, um die eigene Familie zu verwöhnen, sondern ist auch ein sehr persönliches Geschenk für liebe Freunde und Verwandte. Dabei ist oft schon die Herstellung ein Ereignis, das allen Freude bereitet. Sogar die Kleinsten können teilhaben, wenn es ans Ausstechen von Mürbeteigplätzchen in Form von Stern, Elch, Herz oder Tannenbaum geht.

Umso mehr freut es uns, dass wir Bernd Siefert, einen der weltweit berühmtesten Pâtissiers, für dieses Buch gewinnen konnten. Seine Rezepte und seine Erfahrung machen es zu etwas ganz Besonderem. Denn das Backen liegt ihm im Blut. Schon als Kind half er in der elterlichen Konditorei. Nach abgeschlossener Lehre und erfolgreich bestandener Meisterprüfung lernte er bei den ganz Großen: z.B. im Pariser Fauchon und Hôtel de Crillon oder bei Gérard Mulot. 1997 wurde Bernd Siefert als „Weltmeister der Konditoren" ausgezeichnet, dem höchsten Titel, den man als Pâtissier erreichen kann. Heute führt er mit seiner Schwester Astrid zusammen das Cafe Siefert in Michelstadt.

Einige der köstlichen Gebäckstücke, die man dort genießen kann, finden Sie auch in diesem Buch. Es kombiniert Klassiker wie Heidesand und Stollen mit delikaten Neukreationen, z.B. Earl-Grey-Sternen, Schokoladen-Chili-Stäbchen oder Thymiankeksen. Lassen Sie sich überraschen und probieren Sie nach Lust und Laune, schließlich sind die Gebäckstücke so klein, dass man beherzt zugreifen kann.

Tre Torri Verlag

Einleitung

Der Advent ist für mich immer noch die schönste Zeit des Jahres, denn sie ist eng verbunden mit dem feinen Geruch nach Plätzchen im Haus meiner Eltern. Schon im Alter von sechs Jahren stand ich bei ihnen in der Backstube und durfte mithelfen und meine eigenen Ideen einbringen, was wohl dazu geführt hat, dass ich stetig neue Kreationen ausprobiere.

Für mich ist es daher ein ganz besonderes Vergnügen, endlich ein eigenes Buch mit Weihnachtsgebäck auf den Markt zu bringen. Denn das gibt mir die Gelegenheit, meine Rezepte mit Ihnen zu teilen. Und damit auch ein wenig meiner Vorfreude auf die Weihnachtszeit. Nicht fehlen dürfen Klassiker wie Vanillekipferl, Springerle oder Baumkuchenspitzen.

Aber auch Neues kommt nicht zu kurz. Probieren Sie z.B. einmal meine Latte-macchiato-Kekse mit feiner Kaffeenote oder die Florentiner Berge, eine orientalische Abwandlung des beliebten Mandelgebäcks. Zu meinen Favoriten in diesem Buch gehören jedoch vor allem die verschiedenen Lebkuchen- und Stollenspezialitäten. Der würzige, nicht so süße Geschmack passt hervorragend sowohl zur Kaffeetafel als auch zu einem Gläschen Wein. Und selbst gebacken schmecken sie am besten.
Mein Tipp für Sie: Wagen Sie sich an die Rezepte! Wir haben die Zubereitung einfach und unkompliziert gehalten, sodass auch Anfänger alles nachbacken können.

Und nun wünsche ich Ihnen viel Freude beim Ausprobieren meiner Rezepte!

Ihr Bernd Siefert

Deutsche Klassiker

Spritzgebäck

Für ca. 55 Stück

*Backzeit pro Blech:
etwa 20 Minuten*

Zusätzliches Backutensil
Spritzbeutel mit Sterntülle

Zutaten
150 g weiche Butter
Abrieb von 1 unbeh. Mandarine
Mark von ½ Vanilleschote
2 g gemahlene Zimtblüten
1 Prise Meersalz
1 Ei (Größe M)
25 g Sahne
100 g feinster Zucker
225 g Weizenmehl
125 g fein gemahlene Haselnüsse

1. Den Backofen auf 160 °C Ober- und Unterhitze vorheizen und Bleche mit Backpapier auslegen.

2. Butter mit dem Mandarinenabrieb, Vanillemark, Zimtblüten, Salz, dem Ei sowie der Sahne und dem Zucker zu einer glatten Masse vermengen, dann leicht schaumig rühren.

3. Das gesiebte Mehl mit den Haselnüssen mischen und unterrühren.

4. Die Masse in einen Spritzbeutel mit Sterntülle füllen und beliebige Formen wie z.B. Wellen oder Kringel auf die vorbereiteten Bleche spritzen.

5. Die Plätzchen nacheinander im Backofen auf mittlerer Schiene ca. 20 Minuten backen, anschließend herausnehmen und auf Kuchengittern auskühlen lassen.

Tipp
Wenn Sie Probleme beim Aufspritzen haben, sollten Sie eine Gebäckpresse oder einen Fleischwolf mit Garnieraufsatz ausprobieren. Damit ist es viel einfacher.

Varianten
Statt des Mandarinenabriebs können Sie auch Zitronen- oder Orangenabrieb verwenden. Alternativ oder zusätzlich können Sie das Spritzgebäck auch in geschmolzene Schokolade tauchen.

Variante
Um Zimtblüten-Anis-Monde zu erhalten, geben Sie einfach 5 g gemahlene Zimtblüten und die Hälfte des Vanillemarks zum Teig. Zum Bestäuben der Plätzchen mischen Sie noch 5 g Anispulver unter den Puderzucker.

Vanillekipferl

Für ca. 60 Stück

Kühlzeit: etwa 1 Stunde
Backzeit pro Blech:
etwa 20 Minuten

Zutaten
250 g Weizenmehl
125 g gemahlene Mandeln
125 g Zucker
Mark von 1 Bourbonvanilleschote
1 Prise Meersalz
250 g weiche Butter

Außerdem
250 g Puderzucker

1. Das Mehl sieben und mit den Mandeln, Zucker, Vanillemark und Salz mischen.

2. Die Butter unterkneten, den Teig zu Rollen formen, mit Frischhaltefolie abdecken und mindestens 1 Stunde kalt stellen.

3. Den Backofen auf 160 °C Ober- und Unterhitze vorheizen und Backbleche mit Backpapier auslegen.

4. Sobald die Rollen schnittfest sind, diese in 1 cm dicke Scheiben schneiden und mit den Händen zu Hörnchen formen.

5. Die Kipferl auf die vorbereiteten Backbleche legen und nacheinander im Backofen auf mittlerer Schiene ca. 20 Minuten knusprig backen. Unmittelbar danach die Plätzchen mit Puderzucker bestäuben und anschließend auf Kuchengittern auskühlen lassen.

Tipp
Mürbeteig sollte immer kälter ausgebacken werden, da die Plätzchen sonst zäh werden.

Nussmakronen

Für ca. 70 Stück

*Backzeit pro Blech:
etwa 20 Minuten*

Zusätzliches Backutensil
*Spritzbeutel mit großer
Lochtülle*

Zutaten
350 g gemahlene Haselnüsse
400 g Zucker
50 g weiche Marzipanrohmasse
6 Eiweiß (Größe M)
1 Prise Meersalz
2 g Zimtpulver
2 g schwach entöltes
Kakaopulver

Dekor
200 g geschälte Haselnüsse

1. Den Backofen auf 170 °C Ober- und Unterhitze vorheizen und Backbleche mit Backpapier auslegen.

2. Die Nüsse in einer beschichteten Pfanne so lange rösten, bis sie anfangen zu duften.

3. Diese dann mit 350 g Zucker, Marzipan und Eiweiß verkneten und über einem Wasserbad bis auf ca. 80 °C erwärmen.

4. Die Masse anschließend erkalten lassen, die restlichen Zutaten miteinander mischen und unter den Teig rühren.

5. Diesen daraufhin in einen Spritzbeutel mit 1 cm großer Lochtülle füllen und in kleinen Tupfen auf die vorbereiteten Bleche dressieren. Jede Makrone mit einer geschälten Haselnuss belegen.

6. Die Bleche nacheinander im Backofen auf mittlerer Schiene ca. 20 Minuten backen, dann herausnehmen und auf Kuchengittern auskühlen lassen.

Tipp
Wenn Sie das Marzipan in der Mikrowelle leicht erwärmen, können Sie lediglich mit einem Schneebesen das Eiweiß unterrühren.

Varianten
Statt der Haselnüsse können Sie auch alle anderen Nussarten verwenden.

Ochsenaugen

Für ca. 50 Stück

Kühlzeit: etwa 1 Stunde
Backzeit pro Blech:
etwa 25 Minuten

Zusätzliche Backutensilien
runder Ausstecher
Spritzbeutel mit Sterntülle
Gasbrenner zum Abflämmen

Mürbeteig
200 g weiche Butter
100 g Puderzucker
1 Ei (Größe M)
Abrieb von ½ unbeh. Zitrone
Mark von ½ Vanilleschote
1 Prise Meersalz
300 g Weizenmehl

Eigelbmakronenmasse
400 g weiche Marzipanrohmasse
4 Eigelb (Größe M)
Abrieb von 1 unbeh. Zitrone
1 Prise Meersalz

Außerdem
Mehl zum Bearbeiten
Himbeerkonfitüre zum Füllen
Himbeergeist
Aprikosenkonfitüre zum Abglänzen
Fondantglasur
(erhältlich beim Konditor oder im Fachhandel)

1. Für den Teig Butter, Puderzucker, Ei und Zitronenabrieb, Vanillemark sowie Salz zu einer glatten Masse verrühren. Das Mehl sieben und unterkneten.

2. Den Teig in Frischhaltefolie wickeln und ca. 1 Stunde kalt stellen.

3. Den Backofen auf 150 °C Ober- und Unterhitze vorheizen und Backbleche mit Backpapier auslegen.

4. Den Teig auf einer leicht bemehlten Arbeitsfläche ca. 3 mm dünn ausrollen und Kreise ausstechen.

5. Die Plätzchen auf die vorbereiteten Bleche setzen und nacheinander im Backofen auf mittlerer Schiene ca. 25 Minuten backen. Anschließend herausnehmen und die Plätzchen auskühlen lassen.

6. In der Zwischenzeit die Makronenmasse herstellen. Dazu alle Zutaten einfach glatt verkneten und in einen Spritzbeutel mit Sterntülle füllen.

7. Die Makronenmasse kringelförmig auf die Plätzchen spritzen, sodass der Innenteil später mit Himbeerkonfitüre gefüllt werden kann. Dann die Makronenmasse mit einem Gasbrenner leicht abflämmen.

8. Die Himbeerkonfitüre aufkochen, mit Himbeergeist verfeinern, damit die vorbereiteten Plätzchen füllen und erkalten lassen.

9. In der Zwischenzeit die Aprikosenkonfitüre aufkochen. Sobald die Himbeerkonfitüre fest ist, die Plätzchen mit der Aprikosenkonfitüre bepinseln und mit der Fondantglasur dünn abglänzen.

Tipp
Sie können auch auf das Aprikotieren und Glasieren verzichten, sollten dann aber die Plätzchen schnell verzehren, denn sonst werden sie trocken.

Variante
Ochsenaugen sind auch unter dem Namen Chemin de fer bekannt. Bei dieser Variante wird der Mürbeteig in 5 cm breiten Streifen gebacken und dann werden mithilfe eines Spritzbeutels mit Sterntülle drei Streifen Makronenmasse aufdressiert.

Variante
Kneten Sie beispielsweise etwas
Krokant unter den Mürbeteig.

Schwarz-Weiß-Gebäck

Für ca. 80 Stück

Kühlzeit: etwa 2 Stunden
Backzeit pro Blech:
etwa 25 Minuten

Zutaten
200 g weiche Butter
100 g Puderzucker
1 Ei (Größe M)
Abrieb von ½ unbeh. Zitrone
Mark von ½ Vanilleschote
1 Prise Meersalz
300 g Weizenmehl

Außerdem
40 g Kakaomasse
(99–100 % Kakaoanteil)
etwas Wasser zum Anstocken
Mehl zum Bearbeiten
Milch zum Bestreichen

1. Butter, Puderzucker, Ei und Gewürze zu einer glatten Masse verarbeiten.

2. Das Mehl sieben und kurz unterkneten.

3. Die Kakaomasse über einem Wasserbad schmelzen und für die Weiterverarbeitung mit einigen Wassertropfen anstocken.

4. Den Teig zunächst in 2 gleich große Portionen teilen und eine davon mit der Kakaomasse verkneten. Die Masse zu Kugeln formen, in Frischhaltefolie wickeln und ca. 1 Stunde kalt stellen.

5. Die 2 Teigsorten separat mit etwas Mehl ausrollen und je nach Wunsch zusammensetzen, zuschneiden oder ausstechen. Die einzelnen Stücke mit etwas Milch bestreichen, aufeinandersetzen und erneut ca. 1 Stunde kühlen.

6. Den Backofen auf 150 °C Ober- und Unterhitze vorheizen und Backbleche mit Backpapier auslegen.

7. Sobald der Teig wieder fest ist und ein Stück ergibt, diesen in Scheiben schneiden und auf die vorbereiteten Backbleche setzen. Die Plätzchen nacheinander im Backofen auf mittlerer Schiene ca. 25 Minuten backen, dann herausnehmen und auf Kuchengittern auskühlen lassen.

Tipp
Statt der Kakaomasse können Sie auch Schokolade mit einem hohen Kakaoanteil verwenden. Wenn es schnell gehen soll, den hellen mit dem dunklen Teig kurz verkneten und zu Rollen formen. So erhält man marmorierte Plätzchen.

Zimtsterne

Für ca. 60 Stück

Kühlzeit: etwa 1 Stunde
Backzeit pro Blech:
etwa 10 Minuten

Zusätzliches Backutensil
spezieller Zimtstern- oder
normaler Sternausstecher

Zutaten
320 g Puderzucker
3 Eiweiß (Größe M)
1 Prise Meersalz
10 g Zimtpulver
125 g weiche Marzipanrohmasse
250 g ungeschälte Mandeln, gemahlen

Außerdem
50 g fein gesiebte Biskuitbrösel (ersatzweise Semmelbrösel)
50 g ungeschälte Mandeln, gemahlen

1. Den Puderzucker mit dem Eiweiß sowie dem Salz glatt rühren und zu einem stabilen Schnee schlagen. Ein Drittel des Schnees mit 1 Prise Zimtpulver verrühren und für die Glasur beiseitestellen.

2. Die restliche Eiweißmasse mit den übrigen Zutaten zu einem homogenen Teig verkneten. Diesen in Frischhaltefolie wickeln und ca. 1 Stunde kalt stellen.

3. Den Backofen auf 170 °C Ober- und Unterhitze vorheizen und Backbleche mit Backpapier auslegen.

4. Biskuitbrösel und die gemahlenen Mandeln miteinander mischen und den Teig darauf ca. 1 cm dick ausrollen. Dann mit der restlichen Glasur dünn bestreichen und mit einem nassen Ausstecher – am besten einem Zimtsternausstecher – Sterne ausstechen und auf die vorbereiteten Bleche legen.

5. Die Plätzchen im Backofen nacheinander auf mittlerer Schiene ca. 10 Minuten backen. Anschließend herausnehmen und die Sterne vollständig auskühlen lassen.

Tipp
Wer eine strahlend weiße Glasur verwenden möchte, lässt den Zimt weg und gibt ihn separat zum Teig. Backen Sie die Zimtsterne komplett durch und lassen Sie das Gebäck im Kühlschrank wieder Feuchtigkeit ziehen. So bleibt es länger haltbar.

Varianten
Man kann die Mandeln natürlich durch alle möglichen Nussarten ersetzen und auch den Zimt gegen andere Gewürze austauschen.

Varianten
Probieren Sie doch mal, getrocknete Früchte wie z.B. Aprikosen oder Pflaumen, die Sie zuvor hacken, mitzuverarbeiten. Meine Lieblingssorte ist die mit getrockneten Feigen, Lorbeer und Zimt.

Bethmännchen

Für ca. 80 Stück

*Backzeit pro Blech:
etwa 10 Minuten*

Zutaten
500 g weiche Marzipanrohmasse
50 g Waldhonig
30 g gesiebtes Weizenmehl
10 ml Rosenwasser
70 g geschälte Mandeln,
fein gemahlen

Dekor
je Bethmännchen 3 geschälte
Mandelhälften
Gummiarabikum-Glasur
(siehe Seite 157)

1. Den Backofen auf 200 °C Ober- und Unterhitze vorheizen und Bleche mit Backpapier auslegen.

2. Die Marzipanrohmasse mit den anderen Zutaten verkneten. Daraus 5 gleichmäßige, 1 cm dicke Stränge formen und diese dann in 2 cm lange Stücke schneiden.

3. Jedes Stück zu einer Kugel formen, darauf die 3 Mandelhälften anbringen und auf die vorbereiteten Bleche setzen.

4. Die Bethmännchen im Backofen auf mittlerer Schiene ca. 10 Minuten backen. Achten Sie dabei auf die Farbe, sie sollte am Ende des Backvorgangs goldgelb sein. Anschließend die Bethmännchen sofort mit der Glasur abglänzen und auskühlen lassen.

Tipp
Verwenden Sie Marzipan mit Mandeln aus dem Mittelmeerraum, so haben Sie einen höheren Bittermandelanteil und somit einen kräftigeren Geschmack.

Buttergebäck
Ausstecherle · Mailänderli

Für ca. 120 Stück

Kühlzeit: etwa 1 Stunde
Backzeit pro Blech:
etwa 25 Minuten

Zusätzliche Backutensilien
beliebige Ausstecher

Zutaten
250 g weiche Butter
120 g Puderzucker
2 Eigelb (Größe M)
Mark von 1 Bourbonvanilleschote
Abrieb von ½ unbeh. Zitrone
1 Prise Meersalz
325 g Weizenmehl
40 g Speisestärke

Außerdem
Mehl zum Bearbeiten
4 Eigelb (Größe M)

Dekor
Nüsse, Hagelzucker,
bunte Perlen

1. Butter, Puderzucker, Eigelbe, Vanillemark, Zitronenabrieb und Salz zu einer glatten Masse verkneten.

2. Mehl und Speisestärke zusammen sieben, streuselartig kurz unterkneten und den Teig leicht zusammendrücken. Diesen in Frischhaltefolie wickeln und ca. 1 Stunde kalt stellen.

3. Den Backofen auf 150 °C Ober- und Unterhitze vorheizen und Backbleche mit Backpapier auslegen.

4. Den Teig auf einer leicht bemehlten Arbeitsfläche ca. 3–4 mm dünn ausrollen und mit beliebigen Ausstechern Plätzchen ausstechen. Diese auf die vorbereiteten Backbleche legen und mit dem verquirlten Eigelb bestreichen. Nach Belieben mit Nüssen, Hagel- oder Kristallzucker oder aber bunten Perlen dekorieren.

5. Die Plätzchen nach und nach im Backofen auf mittlerer Schiene ca. 25 Minuten backen. Anschließend herausnehmen und die Plätzchen vollständig auskühlen lassen.

Tipp
Wenn das Gebäck noch mürber werden soll: Die Eigelbe in der Mikrowelle zum Stocken bringen und durch ein feines Sieb passieren, bevor Sie sie zum Teig geben.

Varianten
Durch die Zugabe von etwas Kakaopulver und anderen Gewürzen hat man schnell mehrere Alternativen.

Vanille-Brezeln

Für ca. 200 Stück

Kühlzeit: etwa 1 Stunde
Backzeit pro Blech:
etwa 25 Minuten

Zusätzliches Backutensil
Brezelausstecher
(wenn vorhanden)

Zutaten
375 g weiche Butter
150 g Puderzucker
1 Ei (Größe M)
Mark von 1 Tahitivanilleschote
1 Prise Meersalz
500 g Weizenmehl

Außerdem
Mehl zum Bearbeiten

1. Butter, Puderzucker, Ei, Vanillemark und Salz zu einer glatten Masse verkneten.

2. Das Mehl gesiebt unterkneten und den Teig zu einer Kugel formen. Diese in Frischhaltefolie wickeln und mindestens 1 Stunde kalt stellen.

3. Den Backofen auf 150 °C Ober- und Unterhitze vorheizen und Backbleche mit Backpapier auslegen.

4. Entweder den Teig auf einer leicht bemehlten Arbeitsfläche ca. 3 mm dünn ausrollen und mit einem Brezelausstecher ausstechen oder je ein walnussgroßes Stück Teig zu einer Rolle formen und zu einer Brezel schlingen. Diese dann auf die vorbereiteten Backbleche legen.

5. Die Brezeln nacheinander im Backofen auf mittlerer Schiene ca. 25 Minuten backen, anschließend herausnehmen und auf Kuchengittern auskühlen lassen.

Tipp
Was das Dekor angeht, kann man sehr viel machen – sowohl vor als auch nach dem Backen. Alles, was die Vorratskammer so hergibt, wie z.B. Krokant, Hagelzucker usw., sollte vor dem Backen mit etwas verquirltem Eigelb befestigt werden. Entscheidet man sich für die Ausstechvariante, kann man die Brezeln auch mit allen erdenklichen Füllungen anreichern: z.B. Konfitüre, Nugat, Marzipan usw.

Variante
Für Schokoladen-Brezeln müssen vorab noch
ca. 100 g flüssige Bitterschokolade zur Buttermasse gegeben
werden – und je höher der Kakaoanteil, umso besser.

Terrassenkekse
Rechtsanwaltsbrötle

Für ca. 55 Stück

Kühlzeit: etwa 1 Stunde
Backzeit pro Blech:
etwa 25 Minuten

Zusätzliche Backutensilien
Ausstecher in 3 unterschiedlichen Größen
kleines Spritztütchen
(ersatzweise Teelöffel)

Zutaten
150 g Zucker
200 g weiche Butter
1 Ei (Größe M)
100 g gemahlene Mandeln
Mark von 1 Vanilleschote
1 Prise Meersalz
300 g Weizenmehl

Außerdem
Mehl zum Bearbeiten
Rotes Johannisbeergelee
Puderzucker zum Bestäuben

1. Alle Zutaten bis auf das Mehl zu einer glatten Masse verarbeiten, dann das gesiebte Mehl kurz unterkneten. Den Teig zu einer Kugel formen, diese in Frischhaltefolie wickeln und ca. 1 Stunde kalt stellen.

2. Den Backofen auf 150 °C Ober- und Unterhitze vorheizen und Bleche mit Backpapier auslegen.

3. Den Teig auf einer leicht bemehlten Arbeitsfläche ca. 3 mm dünn ausrollen und mit den unterschiedlich großen Ausstechern Kekse in derselben Anzahl ausstechen.

4. Die Plätzchen auf die vorbereiteten Bleche verteilen und nacheinander auf mittlerer Schiene ca. 25 Minuten backen. Anschließend herausnehmen und auf Kuchengittern auskühlen lassen.

5. Das Gelee glatt rühren, in ein kleines Spritztütchen füllen, etwas davon auf die Plätzchen geben und diese zusammensetzen. Alternativ können Sie auch einen Teelöffel verwenden.

6. Die Terrassenkekse abschließend mit Puderzucker bestäuben.

Tipp
Der Puderzucker haftet besser, wenn die Plätzchen noch etwas warm sind.

Varianten
Verwenden Sie eine andere rote Konfitüre als Füllung,
z.B. Hagebuttenkonfitüre. Ersetzen Sie die Mandeln durch
eine andere Nussart.

Romias Weihnachtsflorentiner

Für ca. 60 Stück

*Backzeit pro Blech:
etwa 10 Minuten*

Zusätzliche Backutensilien
Backmatte aus Silikon
oder Teflon
Spritzbeutel mit kleiner
Sterntülle

Füllung
70 g Sahne
50 g Glucosesirup
(erhältlich beim Konditor
oder im Fachhandel)
20 g Honig
70 g brauner Rohrzucker
70 g weißer und
schwarzer Sesam

Spritzmürbeteig
250 g weiche Butter
1 Eiweiß (Größe M)
100 g Puderzucker
1 Prise Meersalz
Mark von 1 Vanilleschote
2 g Zimtpulver
300 g Weizenmehl
4 g Backpulver

1. Für die Füllung die Sahne mit Glucosesirup, Honig und Zucker aufkochen, dann den Sesam unterrühren und die Masse erkalten lassen.

2. Den Backofen auf 170 °C Ober- und Unterhitze vorheizen und ein Blech mit der Backmatte belegen.

3. Für den Teig die Butter mit dem Eiweiß, Puderzucker, Salz, Vanillemark und dem Zimt zu einer cremigen Masse verrühren.

4. Das Mehl sieben und zusammen mit dem Backpulver zugeben.

5. Den Teig in einen Spritzbeutel mit kleiner Sterntülle füllen und kleine Ringe auf die Backmatte dressieren. Den Innenraum der Plätzchen mit der erkalteten Sesammasse füllen und die Ringe auf mittlerer Schiene ca. 10 Minuten backen. Die Florentiner herausnehmen und zunächst auf der Backmatte auskühlen lassen, bevor sie von der Matte gelöst werden. Den restlichen Teig auf die gleiche Weise verarbeiten.

Tipp
Falls Sie keine Backmatte besitzen, verwenden Sie beschichtetes Backpapier.

Varianten
Verwenden Sie statt Sesam andere Nüsse
und setzen Sie andere Gewürze ein.

Hägemakronen
mit Rosenwasser

Für ca. 55 Stück

*Backzeit pro Blech:
etwa 15 Minuten*

*Zusätzliches Backutensil
Spritzbeutel mit Sterntülle*

Zutaten
3 Eiweiß (Größe M)
250 g Puderzucker
1 Prise Meersalz
2 EL Hägemark
(Hagebuttenkonfitüre)
375 g gemahlene Mandeln
2 EL Zitronensaft
2 EL Rosenwasser

Außerdem
1 Packung Backoblaten
(Ø 4 oder 5 cm)
kandierte Rosen zum Dekorieren

1. Den Backofen auf 175 °C Ober- und Unterhitze vorheizen, Backbleche mit Backpapier auslegen und Oblaten daraufsetzen.

2. Eiweiß, Puderzucker und Salz zu einem stabilen Schnee schlagen. 2 Esslöffel davon abnehmen und zur Seite stellen.

3. Die restlichen Zutaten unter den Eischnee heben und mit 2 Teelöffeln kleine Nocken auf die Backoblaten setzen.

4. Mit einem mit Wasser angefeuchteten Holzlöffelstiel längs kleine Vertiefungen in die Nocken drücken. Die beiseitegestellte Eiweißglasur in einen Spritzbeutel mit Sterntülle füllen und in die eingedrückte Vertiefung eine Eischneelinie spritzen. Diese mit den kandierten Rosen dekorieren.

5. Die Makronen nacheinander im Backofen auf mittlerer Schiene ca. 15 Minuten backen, dann herausnehmen und auf Kuchengittern auskühlen lassen.

Tipp
Wenn Sie die Masse über Nacht stehen lassen und erst am nächsten Tag weiterverarbeiten, werden die Makronen richtig schön saftig.

*Varianten
Probieren Sie auch andere Konfitüren aus,
z. B. Schwarze Johannisbeere.*

Muskaziner

Für ca. 35 Stück

*Backzeit pro Blech:
etwa 20 Minuten*

*Zusätzliches Backutensil
Spritzbeutel mit
großer Lochtülle*

Zutaten
140 g Zucker
2 Eigelb (Größe M)
1 TL Zitronensaft
140 g geschälte Mandeln,
gemahlen
30 g Semmelbrösel
20 ml Rum
1 g Macis (Muskatblüte)
1 g Muskatnuss

Außerdem
1 Packung Backoblaten
(Ø 4 oder 5 cm)

1. Den Backofen auf 160 °C Ober- und Unterhitze vorheizen, ein Backblech mit Backpapier auslegen und Oblaten daraufsetzen.

2. Den Zucker und die Eigelbe sehr schaumig aufschlagen, bis die Masse nahezu weiß ist.

3. Die restlichen Zutaten miteinander mischen und unterheben. Die Masse in einen Spritzbeutel mit Lochtülle füllen und auf die Oblaten dressieren.

4. Die Plätzchen im Backofen auf mittlerer Schiene ca. 20 Minuten backen. Abschließend herausnehmen und auf Kuchengittern auskühlen lassen.

Tipp
Macis erhalten Sie in der Gewürzabteilung eines gut sortierten Supermarkts.

*Varianten
Wer es kräftiger haben möchte, kann auch gern andere
Gewürze dazugeben wie etwa Zimt- oder Nelkenpulver.*

Heidesand

Für ca. 115 Stück

Kühlzeit: etwa 2 Stunden
Backzeit pro Blech:
etwa 20 Minuten

Zutaten
200 g weiche Butter
150 g feinster Zucker
Mark von 1 Vanilleschote
Abrieb von ½ unbeh. Zitrone
1 Prise Meersalz
30 g Sahne
250 g Weizenmehl

1. Butter in einem Topf so lange erhitzen, bis die Molke ausflockt und gebräunt ist. Anschließend durch ein feines Sieb geben und die Butter erkalten lassen.

2. Zucker, Vanillemark, Zitronenabrieb sowie Salz zugeben und leicht schaumig rühren.

3. Anschließend die Sahne sowie das gesiebte Mehl zugeben und zu einem Teig verkneten.

4. Diesen zu Rollen mit 5 cm Durchmesser formen, mit Frischhaltefolie abdecken und im Kühlschrank ca. 2 Stunden kalt stellen.

5. Den Backofen auf 160 °C Ober- und Unterhitze vorheizen und Backbleche mit Backpapier auslegen. Die Teigrollen mit einem scharfen Messer in 5 mm dünne Scheiben schneiden und auf die vorbereiteten Bleche legen.

6. Die Plätzchen nacheinander im Backofen auf mittlerer Schiene ca. 20 Minuten backen, dann herausnehmen und vollständig auskühlen lassen.

Tipp
Man kann Heidesand auch ohne vorab gebräunte Butter herstellen, er schmeckt aber mit brauner Butter eindeutig am besten.

Varianten
Sie können z.B. die Rolle auch mit etwas Eiweiß bestreichen und beispielsweise Rohrzucker, Hagelzucker, bunten Dekorzucker oder Kokosnussraspeln anbringen.

Variante
Sie können den Mürbeteig mit Limettenschale verfeinern und eine Himbeer-Thymian-Konfitüre für die Füllung verwenden.

Spitzbuben
Schwabenbrötchen · Hildabrötchen

Für ca. 45 Stück

Kühlzeit: etwa 1 Stunde
Backzeit pro Blech:
etwa 25 Minuten

Zusätzliche Backutensilien
2 Ausstecher in derselben Größe,
davon einer mit Aussparung

Mürbeteig
200 g weiche Butter
100 g Zucker
1 Prise Meersalz
Abrieb von 1 unbeh. Zitrone
Mark von 1 Vanilleschote
1 Ei (Größe M)
300 g Weizenmehl

Füllung
150 g Kirschkonfitüre

Außerdem
Mehl zum Bearbeiten

1. Für den Mürbeteig Butter, Zucker, Salz, Zitronenabrieb, Vanillemark und Ei zu einer glatten Masse verkneten, dann das gesiebte Mehl kurz unterarbeiten. Den Teig zu einer Kugel formen, diese in Frischhaltefolie wickeln und ca. 1 Stunde kalt stellen.

2. Den Backofen auf 150 °C Ober- und Unterhitze vorheizen und Bleche mit Backpapier auslegen.

3. Den Teig halbieren, die eine Hälfte auf einer leicht bemehlten Arbeitsfläche ca. 3 mm dünn ausrollen und mit dem Ausstecher ohne Aussparung Plätzchen ausstechen. Den restlichen Teig auf die gleiche Weise verarbeiten, jedoch den Ausstecher mit Aussparung verwenden.

4. Die Plätzchen auf die vorbereiteten Backbleche legen und nacheinander im Backofen auf mittlerer Schiene ca. 25 Minuten backen. Anschließend herausnehmen und auskühlen lassen.

5. Die Kirschkonfitüre durch ein feines Sieb streichen und jeweils einen Tupfen davon auf die Plätzchen ohne Aussparung geben. Die Plätzchen mit Aussparung daraufsetzen und etwas andrücken.

Tipp
Nach Belieben die Plätzchen im noch warmen Zustand mit Puderzucker bestäuben, dann bleibt dieser besser haften. Da der Teig sehr weich ist, sollten Sie ihn portionsweise ausrollen und bis zum Ausrollen kühl stellen.

Fränkische Schneebälle
Storchennester

Für ca. 12 Stück

Ruhezeit: etwa 1 Stunde
Backzeit pro Stück:
etwa 5 Minuten

Zusätzliche Backutensilien
gewelltes Teigrad
Schneeballzange,
Frittierlöffel oder großes
Teesieb

Zutaten
10 Eigelb (Größe M)
1 Ei (Größe M)
30 g Sahne
50 ml Kirschwasser
20 g Puderzucker
Mark von 1 Vanilleschote
1 Prise Meersalz
400 g Weizenmehl

Außerdem
Mehl zum Bearbeiten
ausreichend Frittierfett
zum Ausbacken
Puderzucker zum Bestäuben
oder
300 g Schokolade zum
Überziehen

1. Alle Zutaten zu einem glatten Teig verkneten, diesen in Frischhaltefolie wickeln und ca. 1 Stunde ruhen lassen.

2. Den Teig in 12 gleichmäßige Stücke teilen und jedes auf einer leicht bemehlten Arbeitsfläche auf Kuchentellergröße ausrollen.

3. Jeweils vom überschüssigen Mehl befreien und mit einem gewellten Teigrad in ca. 1 cm schmale Streifen schneiden, jedoch einen Rand von ca. 2 cm stehen lassen, sodass die Streifen am jeweils oberen Ende zusammenhängen.

4. Das Frittierfett in einem Topf auf 180 °C erhitzen. Die aneinanderhängenden Teigstreifen locker entweder in die Zange, den Frittierlöffel oder ein Teesieb geben und verschließen. Die Teigknäule portionsweise im heißen Fett so lange backen, bis keine Blasen mehr aufsteigen, was ca. 5 Minuten dauert.

5. Das Gebäck zunächst auf einem Gitter, dann auf Küchenpapier abtropfen und anschließend vollständig auskühlen lassen. Die Schneebälle dann entweder mit Puderzucker bestreuen oder mit geschmolzener Schokolade besprenkeln bzw. überziehen.

Tipp
Wichtig ist, dass der Teig vor dem Frittieren möglichst frei von Mehl ist, sonst wird das Fett schnell schwarz und muss gewechselt werden. Das Frittieren ermöglicht eine verhältnismäßig lange Haltbarkeit der Schneebälle, so können sie in einer gut verschlossenen Dose ca. 1 Woche aufbewahrt werden.

Varianten
Man kann anstatt des Kirschwassers natürlich auch andere Spirituosen wie z.B. Rum, Williams Christ usw. verwenden.

Kardamomwaffeln

Für ca. 75 Stück

Backzeit pro Lage:
etwa 1 Minute

Zusätzliches Backutensil
Zimtwaffeleisen
(nicht geeignet sind Waffeleisen
für dicke Waffeln wie z.B.
Brüsseler Sahnewaffeln)

Zutaten
125 g weiche Butter
200 g Zucker
2 Eier (Größe M)
65 g geschälte Mandeln, gemahlen
8 g Kardamompulver
1 EL Rum
1 Prise Meersalz
250 g Weizenmehl

Außerdem
Butter zum Einfetten

1. Butter, Zucker, Eier, Mandeln, Kardamompulver und Rum sowie Salz zu einer glatten Masse vermengen, dann schaumig schlagen.

2. Anschließend das Mehl sieben und unterrühren, bis ein stabiler Teig entsteht.

3. Das Waffeleisen auf 200 °C vorheizen und mit etwas Butter fetten.

4. Mit einem Teelöffel walnussgroße Stücke vom Teig abstechen und zwischen das Waffeleisen geben. Dieses sofort schließen und den Teig ca. 1 Minute backen. Die fertige Waffel herausnehmen, auseinanderschneiden und auskühlen lassen. Den restlichen Teig auf die gleiche Weise backen.

Tipp
Das Backen mit einem Waffeleisen ist mit etwas Übung verbunden. Werden die Waffeln zu schwarz, sollten Sie das Eisen lieber auf eine niedrigere Temperatur einstellen.

Variante
Die Kardamomwaffel geht auf die Zimtwaffel zurück.
Ersetzen Sie einfach den Kardamom durch das ursprünglich verwendete Gewürz.

Walnussrauten

Für ca. 70 Stück

Kühlzeit: etwa 1 Stunde
Backzeit: etwa 45 Minuten

Mürbeteig
100 g Butter
100 g Muscovadozucker
(alternativ brauner Rohrzucker)
1 Ei (Größe M)
Mark von 1 Vanilleschote
1 Prise Meersalz
175 g Weizenmehl (Type 1050)
50 g gemahlene Walnüsse

Walnusskaramellmasse
100 g Butter
75 g Ahornzucker (alternativ Kristallzucker)
125 g Orangenblütenhonig
45 g Sahne
Mark von 1 Vanilleschote
225 g gehackte Walnüsse

Außerdem
Mehl zum Bearbeiten
200 g Bitterkuvertüre

1. Für den Mürbeteig zuerst die Butter mit Zucker, Ei, Vanillemark und dem Salz zu einer glatten Masse verarbeiten.

2. Das Mehl sieben, mit den Walnüssen mischen und kurz unter die Buttermasse kneten. Den Teig zu einer Kugel formen, diese in Frischhaltefolie wickeln und ca. 1 Stunde kalt stellen.

3. Den Backofen auf 150 °C Ober- und Unterhitze vorheizen und ein Blech mit Backpapier auslegen.

4. Den Teig auf einer leicht bemehlten Arbeitsfläche auf Blechgröße ausrollen und auf das vorbereitete Backblech legen, dann mit einer Gabel mehrmals einstechen.

5. Den Teig im Backofen auf mittlerer Schiene ca. 20 Minuten vorbacken.

6. In der Zwischenzeit den Belag vorbereiten, dafür die Butter mit Ahornzucker und Honig aufkochen und leicht karamellisieren lassen, dann mit der Sahne ablöschen. Das Vanillemark zugeben und alles zu einer glatten Masse verrühren, abschließend die Walnüsse unterheben.

7. Den Belag gleichmäßig auf der vorgebackenen Mürbeteigplatte verteilen. Die Backofentemperatur auf 160 °C erhöhen und weitere 25–30 Minuten backen.

8. Das Gebäck auf einem Kuchengitter leicht auskühlen lassen, mit einem Messer in Rauten schneiden und vollständig auskühlen lassen.

9. Die Bitterkuvertüre wie auf Seite 156 beschrieben temperieren. Die Walnussrauten darin eintauchen, auf Backpapier legen und fest werden lassen.

Tipp
Ölen Sie das Messer vor dem Schneiden leicht ein, dann bleibt nicht so viel Belag daran haften.

Varianten
Statt Walnüssen können Sie auch andere Nüsse verwenden und die Bitterkuvertüre durch weiße Kuvertüre austauschen.

Varianten
Lassen Sie Ihr Gewürzregal und Ihre Dekorzuckerfantasie spielen.

Butter-S

Für ca. 110 Stück

Kühlzeit: etwa 1 Stunde
Backzeit pro Blech:
etwa 20 Minuten

Zutaten
250 g Zucker
250 g weiche Butter
2 Eier (Größe M)
Abrieb von ½ unbeh. Zitrone
1 Prise Meersalz
500 g Weizenmehl
5 g Backpulver

Außerdem
Mehl zum Bearbeiten
4 Eigelb (Größe M)
Hagelzucker zum Wälzen

1. Zucker, Butter, Eier, Zitronenabrieb und Salz zu einer glatten Masse verkneten.

2. Das Mehl mit dem Backpulver sieben und kurz unter die Buttermasse kneten.

3. Den Teig in Folie wickeln und ca. 1 Stunde kalt stellen.

4. Den Backofen auf 160 °C Ober- und Unterhitze vorheizen. Backbleche mit Backpapier belegen.

5. Den Teig in 4 etwa 250 g schwere Stücke teilen, auf einer leicht bemehlten Arbeitsfläche in Stränge von 1 cm Durchmesser rollen und in 8 cm lange Würste teilen. Diese mit den verquirlten Eigelben bestreichen und in Hagelzucker wälzen.

6. S-förmig auf die Bleche legen. Im Backofen nacheinander auf mittlerer Schiene ca. 20 Minuten backen. Herausnehmen, das Backpapier auf Kuchengitter ziehen und vollständig auskühlen lassen.

Tipp
Man kann den Teig auch ungekühlt direkt mit einer Gebäckspritze, einem Spritzbeutel oder einem Fleischwolf mit Garnieraufsatz verarbeiten.

Michelstädter Rathausspatzen

Für ca. 25 Stück

Backzeit: etwa 20 Minuten

Zusätzliches Backutensil
Briocheförmchen (ersatzweise Muffinförmchen)

Teig
500 g tiefgekühlter Blätterteig

Makronenmasse
3 Eiweiß (Größe M)
25 g feinster Zucker
1 Prise Meersalz
160 g weiche Marzipanrohmasse
25 g Weizenmehl
3 Eigelb (Größe M)
Mark von 1 Vanilleschote
Abrieb von 1 unbeh. Zitrone
20 ml Rum

Außerdem
Butter zum Einfetten
Mehl zum Bearbeiten
ca. 130 g Himbeerkonfitüre zum Füllen

1. Zunächst den Blätterteig auftauen. Den Backofen auf 180 °C Ober- und Unterhitze vorheizen und die Förmchen leicht einfetten.

2. Den Blätterteig auf einer leicht bemehlten Arbeitsfläche dünn ausrollen und so zuschneiden, dass er jeweils denselben Durchmesser hat wie die Förmchen. Diese damit auslegen und mit einer Gabel mehrmals einstechen.

3. Für die Makronenmasse das Eiweiß mit Zucker und Salz zu einem stabilen Schnee schlagen. Das Marzipan mit dem Mehl, den Eigelben, Vanillemark und Zitronenabrieb sowie dem Rum zu einer glatten Masse verarbeiten, jedoch nicht zu schaumig rühren. Das Eiweiß unter die Eigelbmasse heben.

4. Zuerst etwas Himbeerkonfitüre in die mit Blätterteig ausgelegten Förmchen geben, diese dann mit der Masse auffüllen.

5. Die Rathausspatzen anschließend im Backofen auf einem Backblech auf mittlerer Schiene ca. 20 Minuten goldbraun backen.

6. Abschließend aus den Förmchen lösen und auf Kuchengittern vollständig auskühlen lassen.

Varianten
Sie können für die Füllung auch andere Konfitüren nehmen oder Kakaopulver zur Mandelmasse geben. Und anstelle von Blätterteig kann man auch Mürbeteig verwenden.

Tipp
Besonders schön sehen die „Spatzen" aus, wenn man aus Eiweißglasur (siehe Seite 157) kleine Vögel aufspritzt.

Varianten
In Bitterschokolade getaucht werden die Bärentatzen noch schokoladiger. Mit halben geschälten Mandeln können Sie die Krallen des Bären andeuten.

Bärentatzen
Brunsli

Für ca. 50 Stück

Trockenzeit: über Nacht
Backzeit pro Blech:
etwa 15 Minuten

Zusätzliche Backutensilien
Spritzbeutel mit großer Lochtülle (ersatzweise 2 Löffel)
Bärentatzenmodel oder -form

Zutaten
3 Eiweiß (Größe M)
125 g Zucker
1 Prise Meersalz
50 g fein geraspelte Bitterkuvertüre
250 g fein gemahlene Mandeln
20 g Kakaopulver
3 g gemahlene Zimtblüten
1 g Nelkenpulver
Abrieb von 1 unbeh. Orange
250 g Puderzucker
20 ml Kirschwasser

Außerdem
Zucker zum Bestreuen

1. Ein Backblech mit Zucker bestreuen und die anderen mit Backpapier auslegen.

2. Das Eiweiß mit Zucker und Salz zu einem stabilen Schnee schlagen.

3. Restliche Zutaten miteinander mischen und unter den Schnee heben. Die Masse in einen Spritzbeutel füllen oder mithilfe von 2 Löffeln walnussgroße Kugeln auf das mit Zucker bestreute Blech geben. Die Kugeln darin wenden, mit dem Model oder der Form prägen, auf die mit Backpapier belegten Bleche setzen und über Nacht trocknen lassen.

4. Am nächsten Tag den Backofen auf 180 °C Ober- und Unterhitze vorheizen.

5. Die Bärentatzen nacheinander im Backofen ca. 15 Minuten backen, anschließend vom Blech nehmen und auf Kuchengittern auskühlen lassen.

Tipp
Mahlen Sie die Mandeln zusammen mit dem Zucker richtig fein, denn so werden die Tatzen besonders saftig.

Wibele

Für ca. 125 Stück

Trockenzeit: etwa 4 Stunden
Backzeit pro Blech:
etwa 8 Minuten

Zusätzliches Backutensil
Spritzbeutel mit feiner, glatter Lochtülle

Zutaten
7 Eiweiß (Größe M)
230 g Puderzucker
1 Prise Meersalz
Mark von 1 Vanilleschote
185 g Weizenmehl

Außerdem
Butter zum Einfetten
Mehl zum Bestäuben

1. Bleche mit Butter einfetten und mit Mehl bestäuben.

2. Das Eiweiß mit dem Puderzucker, Salz und Vanillemark zu einem stabilen Schnee aufschlagen.

3. Das Mehl sieben und kurz unterheben.

4. Die Masse in den Spritzbeutel mit kleiner Lochtülle füllen und auf die vorbereiteten Backbleche je 2 kleine, ineinanderübergehende Punkte spritzen.

5. Die Plätzchen an einem warmen Ort ca. 4 Stunden trocknen lassen. Den Backofen auf 160 °C Ober- und Unterhitze vorheizen. Nacheinander im Backofen auf mittlerer Schiene ca. 8 Minuten backen. Herausnehmen und die Plätzchen vollständig auskühlen lassen.

Tipp
Sie können die Wibele natürlich auch auf Backpapier backen, allerdings haben sie dann keine „Füßchen".

Varianten
Sie können auch andere Formen wie z. B. kleine
Herzchen oder Engelsflügel aufspritzen.

Schneesterne
mit nussiger Baisermasse

Für ca. 60 Stück

Kühlzeit: etwa 1 Stunde
Backzeit pro Blech:
etwa 30 Minuten

Zusätzliche Backutensilien
Sternausstecher
Spritzbeutel mit Sterntülle

Mürbeteig
250 g weiche Butter
100 g Zucker
1 Prise Meersalz
Abrieb von 1 unbeh. Zitrone
1 Ei (Größe M)
350 g Weizenmehl

Baiser-Nuss-Masse
4 Eiweiß (Größe M)
125 g Zucker
250 g geschälte Mandeln
125 g Puderzucker
20 g Weizenmehl

Außerdem
Mehl zum Bearbeiten

1. Für den Mürbeteig Butter, Zucker, Salz, Zitronenabrieb und Ei zu einer glatten Masse verkneten. Dann das Mehl sieben, kurz einarbeiten, den Teig in Frischhaltefolie wickeln und ca. 1 Stunde im Kühlschrank kalt stellen.

2. Den Backofen auf 150 °C Ober- und Unterhitze vorheizen und Bleche mit Backpapier auslegen.

3. Den Teig auf einer leicht bemehlten Arbeitsfläche ca. 3 mm dünn ausrollen und mit dem Sternausstecher Plätzchen ausstechen. Diese auf die vorbereiteten Bleche legen und nacheinander im Backofen auf mittlerer Schiene ca. 10 Minuten vorbacken.

4. In der Zwischenzeit die Baisermasse zubereiten. Dafür das Eiweiß zu einem stabilen Schnee schlagen und den Zucker langsam einrieseln lassen.

5. Die Mandeln zusammen mit dem Puderzucker und dem Mehl in einer Küchenmaschine fein mahlen, anschließend unter den Eischnee heben.

6. Diesen in einen Spritzbeutel mit Sterntülle füllen und auf die Mürbeteigsterne dekorativ dressieren. Die Plätzchen erneut im Backofen bei gleicher Temperatureinstellung auf mittlerer Schiene ca. 20 Minuten backen. Anschließend herausnehmen und auf Kuchengittern auskühlen lassen.

Tipp
Wenn keine geschälten Mandeln erhältlich sind, können auch ungeschälte verwendet werden. Diese mit kochendem Wasser überbrühen und einige Minuten darin ziehen lassen. Anschließend kurz abschrecken und die braune Haut mit Daumen und Zeigefinger abstreifen. Bevor sie weiterverarbeitet werden, müssen sie im Backofen bei 50 °C Ober- und Unterhitze ca. 1 Stunde trocknen.

Varianten
Statt der Mandeln kann man auch andere Nussarten verwenden.
Auch gern mit anderen Gewürzen.

Marzipankartoffeln

Für ca. 60 Stück

Zutaten
300 g weiche Marzipanrohmasse
Kakaopulver zum Wälzen

1. Das Marzipan zunächst in 3 gleich große Portionen teilen und daraus Stränge von jeweils 1 cm Dicke formen.

2. Diese mit einem Messer in 2 cm lange Stücke schneiden. Die Stücke wiederum zu Kugeln formen und im Kakaopulver wälzen, sodass sie vollständig bedeckt sind.

Tipp
Wenn das Marzipan ölig wird, einfach etwas Honig unterkneten, der das Öl wieder bindet.

Varianten
Geben Sie fein gehackte kandierte bzw. getrocknete
Früchte oder Nüsse hinzu.

Mandelmakronen

Für ca. 70 Stück

*Trockenzeit: über Nacht
Backzeit pro Blech:
etwa 15 Minuten*

Zusätzliches Backutensil
Spritzbeutel mit Lochtülle

Zutaten
500 g weiche
Marzipanrohmasse
350 g Zucker
3 Eiweiß (Größe M)
1 Prise Meersalz
Abrieb von 1 unbeh. Zitrone
einige Spritzer Bittermandelöl

Außerdem
Puderzucker zum Bestäuben

1. Backbleche mit beschichtetem Backpapier oder einer Backmatte auslegen.

2. Die Hälfte des Marzipans mit dem Zucker, Eiweiß, Salz, Zitronenabrieb sowie Bittermandelöl glatt rühren.

3. Die Masse zunächst über einem Wasserbad auf ca. 60 °C erwärmen, dann erkalten lassen. Sobald sie erkaltet ist, das restliche Marzipan in kleinen Stücken unterkneten.

4. Die Makronenmasse mit einem Spritzbeutel mit Lochtülle in kleinen Tupfen auf die vorbereiteten Bleche dressieren und bei Zimmertemperatur über Nacht antrocknen lassen.

5. Am nächsten Tag den Backofen auf 170 °C Ober- und Unterhitze vorheizen. Die Makronen mit drei Fingern leicht zusammendrücken und mit Puderzucker leicht absieben.

6. Die Makronen nacheinander im Backofen auf mittlerer Schiene ca. 15 Minuten backen. Dann herausnehmen, mit Puderzucker bestäuben und auf Kuchengittern auskühlen lassen.

Tipp
Makronen kann man in Folie verpackt auch gut einfrieren.

*Variante
Alternativ kann man noch 30 g Kakaopulver und
15 g Eiweiß hinzufügen.*

Hamburger Braune Kuchen
Brune kager

Für ca. 150 Stück

Kühlzeit: etwa 1 Stunde
Backzeit pro Blech:
etwa 10 Minuten

Zusätzliche Backutensilien
beliebige Ausstecher

Zutaten
50 g weiche Butter
50 g weiches Schweineschmalz
220 g Zuckerrübensirup
125 g feinster Zucker
2 Eier (Größe M)
750 g Weizenmehl
2¼ TL Zimtpulver
1¼ TL Nelkenpulver
1¼ TL Pimentpulver
¾ TL Kardamompulver
½ TL Ingwerpulver
¼ TL Korianderpulver
¼ TL Macis (Muskatblüte)
¼ TL weißer Pfeffer
1 TL Natron

Außerdem
Mehl zum Bearbeiten

1. Die Fette zusammen mit dem Sirup und dem Zucker schmelzen. Die Masse unter Rühren erkalten lassen, dann die Eier unterrühren.

2. Anschließend das Mehl mit den Gewürzen sieben und mit dem Natron gut mischen. Alles unter die Sirupmasse rühren und den Teig kräftig durchkneten. Diesen in Frischhaltefolie wickeln und ca. 1 Stunde kalt stellen.

3. Den Backofen auf 180 °C Ober- und Unterhitze vorheizen und Backbleche mit Backpapier auslegen.

4. Den Teig auf einer leicht bemehlten Arbeitsfläche maximal 3 mm dünn ausrollen und mit Ausstechern Plätzchen ausstechen.

5. Die Plätzchen auf die vorbereiteten Backbleche legen und nacheinander im Backofen auf mittlerer Schiene ca. 10 Minuten backen. Die Bleche anschließend herausnehmen und die Plätzchen auskühlen lassen.

Tipp
Anstelle von Schweineschmalz können Sie auch nur Butter verwenden.

Variante
Man kann je nach Geschmack auch gehackte Mandeln
und Orangeat zugeben (jeweils ca. 120 g).

Schmalznüsse

Für ca. 80 Stück

Kühlzeit: etwa 1 Stunde
Backzeit pro Blech:
etwa 20 Minuten

Zutaten
150 g weiches
Schweineschmalz
100 g weiche Butter
190 g Zucker
Mark von 1 Vanilleschote
1 Prise Meersalz
1 TL Hirschhornsalz
500 g Weizenmehl

1. Sämtliche Zutaten bis auf das Hirschhornsalz und das Mehl zu einer glatten Masse verrühren.

2. Das Mehl sowie das Hirschhornsalz sieben und kurz unterkneten. Den Teig zu einer Kugel formen, in Frischhaltefolie wickeln und für ca. 1 Stunde kalt stellen.

3. Den Backofen auf 160 °C Ober- und Unterhitze vorheizen und Backbleche mit Backpapier auslegen.

4. Mit einem Löffel walnussgroße Stücke vom Teig abstechen, diese leicht flach drücken und auf die vorbereiteten Bleche setzen.

5. Die Plätzchen nacheinander im Backofen auf mittlerer Schiene ca. 20 Minuten backen, dann herausnehmen und auf Kuchengittern auskühlen lassen.

Tipp
Hirschhornsalz wird überwiegend zur Lockerung von flachem Gebäck verwendet, wie z.B. Mürbeteig, Spekulatius, Springerle, Amerikaner oder Lebkuchen.

Variante
Geben Sie dem Teig einfach 30 g Kakaopulver hinzu,
dann haben Sie eine schokoladige Alternative.

Varianten
Man kann natürlich auch andere Gewürze, Nüsse oder Krokant zum Bestreuen verwenden.

Baumkuchenspitzen

Für ca. 65 Stück

*Backzeit pro Schicht:
etwa 3–5 Minuten*

Zusätzliches Backutensil
Springform (Ø 26 cm)

Zutaten
9 Eiweiß (Größe M)
180 g Zucker
160 g weiche Butter
1 Prise Meersalz
5 g Kardamompulver
2 g gemahlene Tonkabohne
Abrieb von 1 unbeh. Zitrone
Mark von 1 Vanilleschote
9 Eigelb (Größe M)
50 ml Rum
80 g Weizenmehl (Type 550)
80 g Speisestärke

Außerdem
Butter und Mehl für die Form
200 g Aprikosenkonfitüre
200 g Fondantglasur (erhältlich beim Konditor oder im Fachhandel)
oder
1000 g Bitterkuvertüre zum Überziehen

1. Den Backofen auf 240 °C Oberhitze oder mit der Grillfunktion vorheizen. Die Springform einfetten und mehlen.

2. Zuerst das Eiweiß mit dem Zucker zu einem stabilen Schnee schlagen.

3. Die Butter mit den Gewürzen, Zitronenabrieb und Vanillemark schaumig schlagen, dann nach und nach die Eigelbe und den Rum unterrühren.

4. Das Mehl mit der Stärke sieben und dann abwechselnd mit dem Eischnee unter die Eigelb-Butter-Masse heben.

5. Einen Teil der Masse dünn in der Springform verstreichen. Diese auf einem Backblech auf der obersten Schiene unter die Oberhitze bzw. den Grill schieben und den Boden ca. 3 Minuten hell anbacken, sodass die Schicht gerade so gebacken ist. Anschließend die nächste Schicht auftragen und erneut ca. 3–5 Minuten hell anbacken. So verfahren, bis die Masse aufgebraucht ist. Für jede Schicht sollten Sie ca. 100 g Masse verwenden.

6. Den Kuchen aus der Form lösen und vollständig auskühlen lassen.

7. Anschließend nach Belieben z.B. Dreiecke oder Rhomben ausschneiden und diese entweder dünn mit aufgekochter, noch heißer Aprikosenkonfitüre und Fondantglasur glasieren oder mit temperierter Bitterkuvertüre (siehe Seite 156) überziehen.

Hinweis
Je nach Herkunft des Baumkuchens sind neben der Form auch die Zutaten und die Herstellung vorgegeben. Die vier großen Baumkuchenstädte sind Dresden, Stettin, Cottbus und Salzwedel.

Ingwerkipferl

Für ca. 75 Stück

Kühlzeit: etwa 1 Stunde
Backzeit pro Blech:
etwa 20 Minuten

Zutaten
100 g Rohrzucker
3 TL Ingwerpulver
20 g geröstetes Sesamöl
(aus dem Asialaden)
190 g weiche Butter
130 g geschälte Mandeln,
fein gemahlen
1 Prise Meersalz
70 g kandierter Ingwer,
fein gehackt
2 Eigelb (Größe M)
270 g Weizenmehl

Außerdem
Puderzucker und
Ingwerpulver zum Bestäuben

1. Rohrzucker mit allen Zutaten bis auf das Mehl zu einer glatten Masse verkneten.

2. Das Mehl sieben, kurz unterkneten, den Teig in Frischhaltefolie wickeln und ca. 1 Stunde kalt stellen.

3. Den Backofen auf 160 °C Ober- und Unterhitze vorheizen und Bleche mit Backpapier auslegen. Vom Teig walnussgroße Stücke abstechen und zwischen den Händen zu kleinen Halbmonden formen. Diese auf die vorbereiteten Bleche setzen.

4. Die Plätzchen nacheinander im Backofen auf mittlerer Schiene ca. 20 Minuten backen. Abschließend den Puderzucker mit etwas Ingwerpulver mischen und die Kipferl im noch heißen Zustand damit bestäuben.

Hinweis
Ingwer aus Afrika ist der schärfste. Wenn Sie es milder mögen, sollten Sie australischen nehmen.

Variante
Überziehen Sie die Kipferl zunächst mit Bitterschokolade und dekorieren Sie sie dann mit Ingwerstückchen.

Dattelmakronen

Für ca. 65 Stück

*Backzeit pro Blech:
etwa 20 Minuten*

Zutaten
4 Eiweiß (Größe M)
1 Prise Meersalz
100 g feinster Zucker
40 g Honig
10 g Speisestärke
135 g Puderzucker
100 g fein gemahlene Mandeln
100 g gemahlene Walnüsse
50 g kandierte Clementinen
(ersatzweise kandierte Orangen)
100 g getrocknete Datteln,
entsteint
Abrieb von 1 unbeh. Orange
1 TL Orangenblütenwasser
2 TL Orangenlikör
(z. B. Cointreau)

Außerdem
200 g Bitterkuvertüre zum Überziehen

Dekor
Dattelringe
kandierte Rosenblüten

1. Den Backofen auf 160 °C Ober- und Unterhitze vorheizen und Backbleche mit Backpapier auslegen.

2. Das Eiweiß mit Salz, Zucker und Honig zu einem stabilen Schnee schlagen, dann den mit der Speisestärke versiebten Puderzucker nach und nach unterheben.

3. Die Mandeln mit den übrigen trockenen Zutaten mischen und zusammen mit dem Orangenblütenwasser und dem Orangenlikör unter den Schnee heben.

4. Mithilfe von Teelöffeln kleine Häufchen auf die vorbereiteten Bleche setzen.

5. Die Plätzchen nacheinander auf mittlerer Schiene ca. 20 Minuten backen, anschließend herausnehmen und auf einem Kuchengitter auskühlen lassen.

6. Die Kuvertüre wie auf Seite 156 beschrieben temperieren und die Dattelmakronen damit überziehen.

7. Abschließend die Makronen mit Dattelringen sowie Rosenblüten dekorieren.

Tipp
Tauchen Sie die Teelöffel immer wieder in heißes Wasser, dann rutscht die Masse besser vom Löffel.

*Varianten
Natürlich kann man auch hier verschiedene Nussarten verwenden, sowie die Früchte und Gewürze durch andere Obstsorten ersetzen.*

Wurstplätzchen

Für ca. 45 Stück

*Kühlzeit: über Nacht
Backzeit pro Blech:
etwa 15 Minuten*

Zusätzliches Backutensil
*2 Wurstschläuche vom Metzger
(30 cm lang und Ø 6,5 cm)*

Zutaten
40 g ganze Mandeln
15 g Pistazien
90 g brauner Zucker
1 Ei (Größe M)
8 Tropfen Bittermandelöl
Mark von 1 Vanilleschote
1 Prise Meersalz
100 g geriebene
Bitterschokolade
(70 % Kakaoanteil)
180 g Weizenmehl
35 g Kakaopulver
½ TL Backpulver
110 g weiche Butter

1. Die Mandeln sowie Pistazien in einer beschichteten Pfanne ohne Zugabe von Fett gleichmäßig rösten und auskühlen lassen.

2. Zucker, Ei und Bittermandelöl sowie Vanillemark und Salz miteinander vermengen, dann die Schokolade und die Nüsse einrühren.

3. Mehl, Kakaopulver und Backpulver in eine Schüssel sieben, anschließend die Butter und die Eimasse unterkneten.

4. Sobald der Teig glatt geknetet ist, diesen in die Wurstschläuche füllen und am besten über Nacht gefrieren.

5. Am nächsten Tag den Teig im Kühlschrank nur leicht antauen lassen und enthäuten. Den Backofen auf 160 °C Ober- und Unterhitze vorheizen und Bleche mit Backpapier auslegen.

6. Die Würste mit einer Aufschnittmaschine oder einem scharfen Messer in 3 mm dünne Scheiben schneiden. Diese mit etwas Abstand voneinander auf die vorbereiteten Bleche legen und auf mittlerer Schiene ca. 15 Minuten backen. Die Plätzchen herausnehmen und auf Kuchengittern auskühlen lassen.

Tipp
Je kälter der Teig vor dem Schneiden ist, desto besser behält er seine Form. Die Plätzchen sollten trocken gelagert und am besten innerhalb einer Woche verzehrt werden.

Varianten
*Selbstverständlich können Sie auch andere Nüsse verwenden
oder kandierte bzw. getrocknete Früchte zugeben wie z. B. Feigen
und Orangeat.*

Odenwälder Dreispitz

Für ca. 40 Stück

Kühlzeit: etwa 1 Stunde
Backzeit pro Blech:
etwa 20 Minuten

Zusätzliche Backutensilien
2 Backmatten aus Silikon
(ersatzweise Frischhaltefolie)
runder Ausstecher (Ø 6 cm)

Teig
125 g mehligkochende Kartoffeln, gegart
60 g weiche Butter
60 g Zucker
1 Ei (Größe M)
250 g gesiebtes Weizenmehl
1 TL Backpulver
1 Prise Salz
Mark von 1 Vanilleschote
1 TL Abrieb von 1 unbeh. Zitrone

Füllung
150 g Pflaumenmus

Außerdem
1 Eigelb (Größe M)
2 EL Milch
2 EL Hagelzucker
nach Belieben Puderzucker zum Bestäuben

1. Die Kartoffeln schälen und fein reiben.

2. Die Kartoffelraspel mit Butter, Zucker, Ei, Mehl, Backpulver, Salz, Vanillemark und Zitronenabrieb zu einem lockeren Teig verkneten. Diesen allerdings nicht zu lange kneten, da er sonst zäh wird.

3. Den Teig zu einer Kugel formen, diese etwas flach drücken, in Frischhaltefolie wickeln und ca. 1 Stunde kalt stellen.

4. Den Backofen auf 160 °C Ober- und Unterhitze vorheizen.

5. Den Teig zwischen 2 Backmatten oder Frischhaltefolie ca. 3 mm dünn ausrollen. Mit dem Ausstecher Kreise ausstechen und diese mit einem kleinen Tupfen Pflaumenmus in der Mitte füllen. Den Rand des Kreises an jeweils 3 Seiten zur Mitte hin hochklappen, leicht andrücken und auf ein mit einer Backmatte ausgelegtes Blech setzen.

6. Das Eigelb mit der Milch verquirlen, die Plätzchen damit bestreichen und mit dem Hagelzucker bestreuen.

7. Die Plätzchen nacheinander auf mittlerer Schiene ca. 20 Minuten backen und je nach Belieben noch heiß mit etwas Puderzucker bestäuben.

Hinweis
Da meine Vorfahren nicht nur Gastronomen waren (seit 1793), sondern auch noch eine Landwirtschaft betrieben, ist das wohl eines unserer ältesten Rezepte.

Variante
Überziehen Sie die Kekse alternativ mit temperierter Bitterkuvertüre.

Variante
Wer statt der Orangen- z.B. Limettenschale
verwendet, erhält Caipirinha-Makronen.

Kokosmakronen

Für ca. 45 Stück

*Backzeit pro Blech:
etwa 10 Minuten*

*Zusätzliches Backutensil
Spritzbeutel mit Sterntülle*

Zutaten
125 g Rohrzucker
140 g Kokosraspel
4 Eiweiß (Größe M)
Abrieb von 1 unbeh. Orange
125 g Puderzucker
15 g Weizenmehl
1 TL Rosenwasser

Außerdem
1 Packung Backoblaten
(Ø 4 oder 5 cm)
konfierte Orangenschalen-
stücke

1. Den Backofen auf 180 °C Ober- und Unterhitze vorheizen, Bleche mit Backpapier auslegen und Oblaten darauf verteilen.

2. Rohrzucker, Kokosraspel, Eiweiß sowie Orangenabrieb in einer Rührschüssel mischen und über einem Wasserbad unter ständigem Rühren auf ca. 70 °C erwärmen, dann vom Wasserbad nehmen.

3. Den Puderzucker mit dem Mehl versieben und unter die Kokosmasse rühren, dann auf ca. 30 °C abkühlen lassen.

4. Anschließend das Rosenwasser unterrühren, die Masse in einen Spritzbeutel mit Sterntülle füllen und auf die Backoblaten spritzen. Mit der Orangenschale dekorieren und nacheinander im Backofen auf mittlerer Schiene ca. 10 Minuten backen. Dann herausnehmen und auf Kuchengittern abkühlen lassen.

Tipp
Wer möglichst helle Makronen möchte, kann den Rohrzucker durch normalen Zucker ersetzen. Noch aromatischer werden sie, wenn man die Kokosnussraspel vorher etwas anröstet.

Spekulatius

Für ca. 70 Stück

Kühlzeit: etwa 1 Stunde
Backzeit pro Blech:
etwa 10–15 Minuten

Zusätzliche Backutensilien
Spekulatiusmodel
Draht zum Teigabschneiden
vom Model

Zutaten
175 g weiche Butter
220 g Zucker
75 g Sahne
2 Eigelb (Größe M)
9 g Spekulatiusgewürz
1 Prise Meersalz
Abrieb von ½ unbeh. Zitrone
375 g Weizenmehl
1 g Hirschhornsalz

Außerdem
200 g gehobelte Mandeln
Mehl zum Bearbeiten

1. Butter, Zucker, Sahne, Eigelbe und Gewürze sowie Zitronenabrieb zu einer glatten Masse verarbeiten. Dann das gesiebte Mehl mit dem Hirschhornsalz unterkneten.

2. Den Teig zu einer Kugel formen, diese in Frischhaltefolie wickeln und ca. 1 Stunde kalt stellen.

3. Den Backofen auf 200 °C Ober- und Unterhitze vorheizen. Bleche mit Backpapier auslegen und dünn mit den gehobelten Mandeln bestreuen.

4. Den Teig portionsweise zu einem Rechteck in der Größe des Models ausrollen und auf das leicht gemehlte Model legen. Anschließend den Teig mit der Teigrolle in die Formen eindrücken und den überschüssigen Teig mit dem Draht abschneiden.

5. Die Gebäckstücke auf die vorbereiteten Backbleche legen und nacheinander im Backofen auf mittlerer Schiene ca. 10–15 Minuten hell ausbacken. Die Spekulatius anschließend herausnehmen und auf Kuchengittern auskühlen lassen.

Varianten
Sie können mit Gewürzen und ihren Aromen spielen. Ich stelle z.B. mein Spekulatiusgewürz selbst her: Es besteht aus 2 g gemahlener Vanille, 2 g Zimtpulver, 1 g Nelkenpulver, 1 g Korianderpulver, 1 g Macis (Muskatblüte), 1 g Kardamompulver und 1 g gemahlener Tonkabohne.

Tipp
Geben Sie Milch in einen Zerstäuber und besprühen Sie die Spekulatius vor dem Backen damit, diese bekommen so eine glänzende Oberfläche.

Wolfszähne

Für ca. 50 Stück

Backzeit pro Blech:
etwa 15 Minuten

Zusätzliches Backutensil
Wolfszahnblech
(ersatzweise Aluminiumfolie)

Zutaten
180 g weiche Butter
300 g Zucker
Mark von 1 Vanilleschote
1 Prise Meersalz
4 Eier (Größe M)
330 g Weizenmehl

Außerdem
Butter und Mehl für das Blech

1. Den Backofen auf 180 °C Ober- und Unterhitze vorheizen. Das Wolfszahnblech mit Butter einfetten und mit Mehl bestäuben.

2. Butter, Zucker, Vanillemark und Salz mit einem Handrührgerät schaumig rühren. Die Eier nach und nach hinzugeben und zum Schluss das Mehl sieben und vorsichtig unterheben.

3. Auf jede Reihe des vorbereiteten Wolfszahnblechs in großem Abstand 3 teelöffelgroße Häufchen geben und im Backofen ca. 15 Minuten backen. Diese anschließend herausnehmen und auskühlen lassen. Den übrigen Teig auf die gleiche Weise backen.

Tipp
Wer kein Wolfszahnblech hat, kann sich stattdessen aus Aluminiumpapier eine Art Ziehharmonika falten und diese auseinandergezogen benutzen.

Varianten
Experimentieren Sie mit Gewürzen oder auch Kräutern
nach Ihrem Geschmack. Sie können auch gern Schokolade
als Überzug verwenden.

Rumkugeln
mit Schokostreuseln

Für ca. 60 Stück

Kühlzeit: etwa 4 Stunden

Zutaten
ca. 500 g Biskuit- und Sandkuchenreste
65 g Puderzucker
Mark von 1 Bourbonvanilleschote
20 g schwach entöltes Kakaopulver
100 ml brauner Rum
100 g Kokosfett (z.B. Palmin)
50 g Bitterkuvertüre (mind. 60% Kakaoanteil)

Außerdem
200 g Bitterkuvertüre zum Überziehen
100 g Schokostreusel

1. Biskuit- und Sandkuchenreste zerbröseln und in eine Schüssel geben.

2. Puderzucker, Vanillemark sowie Kakaopulver gut vermischen, zu den Kuchenbröseln geben und alles gut mit Rum vermengen.

3. Kokosfett und Bitterkuvertüre in einem Topf zerlassen und abkühlen lassen. Die erkaltete Masse zu den Kuchenbröseln geben und erneut gut vermengen, anschließend leicht fest werden lassen.

4. Mit angefeuchteten Händen aus der Masse kleine Kugeln formen und im Kühlschrank ca. 2 Stunden aushärten lassen.

5. Die Bitterkuvertüre über einem Wasserbad schmelzen und etwas abkühlen lassen. Die Hände damit benetzen und darin die Rumkugeln hin und her rollen, damit sie mit der Kuvertüre vollständig bedeckt sind. Anschließend die Kugeln umgehend in Schokostreuseln wälzen, fest werden lassen und erneut ca. 1 Stunde kalt stellen.

Tipp
Dieses Rezept eignet sich hervorragend für die Resteverwertung, sollten Sie beispielsweise Biskuitboden übrig haben.

Varianten
Man kann auch klein geschnittene Trockenfrüchte, Rumrosinen, gehackte Nüsse oder 2 Esslöffel Espresso unterrühren. Sie können alternativ versuchen, jede Kugel mit dünn ausgerolltem Marzipan zu ummanteln, bevor Sie sie in Bitterkuvertüre rollen.

Varianten
Tauschen Sie einfach den Rum aus oder geben
Sie Gewürze je nach Geschmack hinzu.

Kalter Hund mit Oblaten
Kalte Schnauze · Kellerkuchen · Heinerle
Liebesbissen oder -küsschen · Schokolatinchen

Für ca. 100 Stück

Kühlzeit: über Nacht

Zutaten
250 g gehärtetes Kokosfett
(z.B. Palmin)
100 g Bitterschokolade
(70% Kakaoanteil)
4 Eier (Größe M)
200 g Puderzucker
50 g schwach entöltes Kakaopulver
20 ml Rum

Außerdem
eckige Backoblatenplatten
Kakaopulver zum Bestäuben

1. Das Kokosfett zusammen mit der Schokolade über einem Wasserbad schmelzen und etwas abkühlen lassen.

2. Die Eier und den Puderzucker mit einem Handrührgerät über dem Wasserbad cremig aufschlagen. Dabei darf das Wasser nicht zu heiß werden (maximal 82 °C), sonst stockt die Eimasse.

3. Die aufgeschlagene Eimasse unter die Kokosfettmasse heben. Das Kakaopulver sowie den Rum zugeben und vorsichtig rühren, bis alles zu einer glatten Masse gebunden ist.

4. Eine rechteckige Form, z.B. eine Auflaufform, zunächst mit Frischhaltefolie und dann mit Oblaten auslegen. Auf Letztere eine ca. 2 mm dünne Schicht Kakaomasse streichen, diese mit einer weiteren Schicht Oblaten belegen. Diesen Vorgang so oft wiederholen, bis die Kakaomasse aufgebraucht ist. Abschließend alles mit einer Schicht Oblaten bedecken.

5. Die Form über Nacht kalt stellen und am nächsten Tag stürzen. Die Folie entfernen und mit einem scharfen Messer den kalten Hund in kleine, mundgerechte Stücke, z.B. Rauten, schneiden. Mit Kakaopulver bestäuben.

Hinweis
In der Region, aus der ich stamme, verwendet man Oblaten, aber in Frankfurt beispielsweise nimmt man Butterkekse. Das mag daran liegen, dass der Odenwald früher eine arme Region gewesen ist. Ob die Oblaten ursprünglich für die Kirche vorgesehen waren, lasse ich mal dahingestellt sein.

Anisplätzchen

Für ca. 75 Stück

Trockenzeit: über Nacht
Backzeit pro Blech:
etwa 15 Minuten

Zusätzliches Backutensil
Spritzbeutel mit Lochtülle

Zutaten
3 Eier (Größe M)
250 g feinster Zucker
250 g Weizenmehl
1 EL Anispulver
nach Belieben einige Tropfen Anisöl

Außerdem
Butter und Mehl für die Bleche
Anissamen zum Bestreuen
der Bleche

1. Bleche dünn einfetten, leicht bemehlen und mit Anissamen bestreuen. Die Eier mit dem Zucker über einem Wasserbad zunächst schaumig aufschlagen. Anschließend vom Wasserbad nehmen und kalt schlagen.

2. Gesiebtes Mehl sowie Anispulver mischen und unter die Eimasse heben, falls gewünscht noch einige Tropfen Anisöl zugeben.

3. Den Teig in einen Spritzbeutel mit Lochtülle füllen und Tupfen auf die vorbereiteten Bleche spritzen.

4. Die Plätzchen an einem trockenen, warmen Ort über Nacht antrocknen lassen. Am nächsten Tag den Backofen auf 160 °C Ober- und Unterhitze vorheizen. Die Plätzchen nacheinander im Backofen auf mittlerer Schiene ca. 15 Minuten backen und anschließend auf Kuchengittern auskühlen lassen.

Tipp
Das Wichtigste sind die „Füße", die am besten gelingen, indem man die Plätzchen über Nacht antrocknen lässt.

Variante
Anstelle von Anis können Sie auch gemahlene Vanille verwenden, so erhalten Sie eine weniger scharfe Alternative.

Internationales Weihnachtsgebäck

Variante
Versuchen Sie mal, anstelle von Butter und Erdnüssen Macadamiabutter und Macadamianüsse zu nehmen.

Erdnusscookies

Für ca. 45 Stück

Kühlzeit: etwa 1 Stunde
Backzeit pro Blech:
etwa 20 Minuten

Zusätzliches Backutensil
Eisportionierer
(ersatzweise 2 Teelöffel)

Zutaten
130 g Weizenmehl
40 g Speisestärke
½ TL Backpulver
½ TL Natron
50 g Butter
40 g Erdnussbutter
Mark von 1 Vanilleschote
1 Prise Meersalz
40 g Puderzucker
50 g Muscovadozucker
(ersatzweise brauner
Rohrzucker)
1 Ei (Größe M)
100 g gehackte Erdnüsse,
geröstet

Außerdem
100 g Vollmilchkuvertüre

1. Das Mehl sieben und mit Speisestärke, Backpulver und Natron mischen.

2. Butter und Erdnussbutter mit Vanillemark, Salz und beiden Zuckern leicht schaumig rühren, dann das Ei zugeben.

3. Anschließend die Mehlmischung sowie die Erdnüsse unterarbeiten. Den Teig abdecken und ca. 1 Stunde im Kühlschrank kalt stellen.

4. Den Backofen auf 160 °C Ober- und Unterhitze vorheizen und ein Blech mit Backpapier auslegen.

5. Vom Teig mit einem Eisportionierer oder 2 Teelöffeln walnussgroße Stücke abnehmen, auf das vorbereitete Blech setzen und leicht flach drücken.

6. Die Plätzchen auf mittlerer Schiene ca. 20 Minuten backen, dann herausnehmen und auskühlen lassen.

7. Die Vollmilchkuvertüre wie auf Seite 156 beschrieben temperieren und die erkalteten Plätzchen damit besprenkeln.

Tipp
Wenn Sie keine ungesalzenen Erdnüsse bekommen, können Sie auch gesalzene nehmen, die Sie unter heißem Wasser abwaschen.

Hafer-Ingwer-Cookies

Für ca. 40 Stück

Ruhezeit: etwa 10 Minuten
Backzeit pro Blech:
etwa 15 Minuten

Zutaten
120 g weiche Butter
200 g Zucker
120 g Ahornsirup
45 ml Wasser
60 g Schmelzflocken
(feine Haferflocken)
1 TL Kardamompulver
1½ TL Ingwerpulver
¼ TL Natron
¼ TL Backpulver
½ TL Abrieb von 1 unbeh. Orange
Mark von 1 Vanilleschote
1 ML* Meersalz

*Mokkalöffel

1. Den Backofen auf 180 °C Ober- und Unterhitze vorheizen und Bleche mit Backpapier auslegen.

2. In einem Topf die Butter schmelzen, den Zucker darin auflösen und Ahornsirup sowie Wasser unterrühren. Die Masse zunächst leicht abkühlen lassen, dann die restlichen Zutaten unterrühren und für ca. 10 Minuten ruhen lassen.

3. Mit einem Teelöffel kleine Häufchen abstechen und mit genügend Abstand auf die vorbereiteten Bleche setzen.

4. Die Plätzchen nacheinander auf mittlerer Schiene ca. 15 Minuten backen, dann herausnehmen und auskühlen lassen.

Tipp
Statt Backpapier verwenden Sie besser Teflonpapier, das wellt sich nicht so beim Backen.

Variante
Über diesen amerikanischen Klassiker können Sie natürlich auch gern noch Schokoladensprenkel geben.

Caramel-Ginger-Crunchies

Für ca. 45 Stück

*Backzeit pro Blech:
etwa 20 Minuten*

Zutaten
½ TL Natron
1 TL Zimtpulver
220 g Zucker
125 g weiche Butter
1 Ei (Größe M)
1 TL Zuckerrübensirup
2 TL kandierter Ingwer, gehackt
1 Prise Meersalz
300 g Weizenmehl

Außerdem
45 Butterkaramellbonbons

1. Den Backofen auf 160 °C Ober- und Unterhitze vorheizen und Bleche mit Backpapier auslegen.

2. Natron mit Zimt, Zucker, Butter, Ei, Sirup und Ingwer sowie Salz und gesiebtem Mehl zu einem glatten Teig verkneten.

3. Vom Teig walnussgroße Stücke abnehmen und zu Kugeln formen. Diese mit etwas Abstand auf die vorbereiteten Bleche setzen und mit dem Daumen eine kleine Vertiefung in die Mitte eindrücken.

4. Die Plätzchen auf mittlerer Schiene ca. 12 Minuten backen, dann die Karamellbonbons auflegen und für ca. 7–10 Minuten weiterbacken, bis der Karamell beginnt, sich zu verflüssigen. Dann die Plätzchen herausnehmen und vollständig auskühlen lassen.

Tipp
Da Karamell sehr heiß wird, sollten Sie die Kekse erst wieder anfassen, wenn sie erkaltet sind.

*Variante
Nehmen Sie alternativ Orangenkaramellbonbons.*

Varianten
Sie können auch andere Trocken-
früchte verarbeiten.

Äpfel-Rum-Rosinen-Cookies

Für ca. 85 Stück

Ruhezeit: über Nacht
Backzeit pro Blech:
etwa 20 Minuten

Zusätzliche Backutensilien
Glas mit Schraubverschluss
Eisportionierer
(ersatzweise 2 Teelöffel)

Zutaten
240 g Rosinen
160 g getrocknete Äpfel, gehackt
80 g brauner Rum
1 EL Zitronensaft
300 g weiche Butter
320 g Rohrzucker
4 Eier (Größe M)
1 Eigelb (Größe M)
320 g Weizenmehl
240 g Vollkornmehl
240 g Haferflocken
5 ML* Natron
3 ML Backpulver
3 ML Meersalz
8 ML Zimtpulver
3 ML Macispulver (Muskatblüte)
3 ML Nelkenpulver
Mark von 1 Vanilleschote

Außerdem
250 g gehackte karamellisierte
Walnüsse zum Wälzen

*Mokkalöffel

1. Rosinen, Äpfel, Rum und Zitronensaft miteinander mischen und am besten über Nacht in einem Glas mit Schraubverschluss stehen lassen.

2. Am nächsten Tag den Backofen auf 170 °C Ober- und Unterhitze vorheizen und Bleche mit Backpapier auslegen.

3. Butter mit Zucker, Eiern und Eigelb schaumig rühren.

4. Die Mehle sieben, mit den restlichen Zutaten mischen und mit den Rumfrüchten unter die Buttermasse kneten.

5. Mit einem Eisportionierer oder 2 Teelöffeln kleine Kugeln abstechen, diese in den gehackten Walnüssen wälzen, auf die vorbereiteten Bleche setzen und etwas flach drücken.

6. Nacheinander auf mittlerer Schiene ca. 20 Minuten backen, dann herausnehmen und auskühlen lassen.

Tipp
Die Cookies halten sich maximal 1 Woche. Wollen Sie länger etwas von ihnen haben, können Sie die Teigkugeln einfach einfrieren und jeweils frisch backen.

Orange-Jelly-Cookies

Für ca. 50 Stück

*Backzeit pro Blech:
etwa 15 Minuten*

Zusätzliche Backutensilien
Spritzbeutel mit Lochtülle (Ø 1 cm)
*Mini-Tarteletteform
aus Silikon*

Biskuitmasse
110 g Zucker
2 Eier (Größe M)
Mark von 1 Vanilleschote
150 g Weizenmehl

Orangengelee
2 unbeh. Orangen
8 g Agar-Agar
30 g Orangenmarmelade

Überzug
400 g Bitterkuvertüre

Dekor
kandierte Orangenscheibenachtel

1. Den Backofen auf 180 °C Ober- und Unterhitze vorheizen und Bleche mit Backpapier auslegen.

2. Den Zucker im Backofen erwärmen, dann die Eier mit dem Vanillemark schaumig schlagen und den heißen Zucker einrieseln lassen.

3. Die Masse so lange schlagen, bis diese stabil ist. Das Mehl dazusieben und nur kurz unterheben. Den Teig in einen Spritzbeutel mit Lochtülle füllen und 4 cm große Tupfen auf die vorbereiteten Bleche dressieren. Die Plätzchen nacheinander auf mittlerer Schiene ca. 15 Minuten backen.

4. Für das Gelee die Orangen heiß abwaschen, trocken reiben und die Schale abreiben. Dann den Saft auspressen, diesen in einen Topf geben, das Agar-Agar einrühren und alles kurz aufkochen. Die Marmelade sowie die Schale unterrühren und die Masse erneut aufkochen. Davon je einen Esslöffel in die Mulden der Silikonform verteilen und erkalten lassen.

5. Die Bitterkuvertüre wie auf Seite 156 beschrieben temperieren.

6. Sobald die Geleefüllung stabil ist, je einen Geleekreis auf einen Biskuit setzen und mit der temperierten Bitterkuvertüre überziehen. Mit je einem kandierten Orangenachtel dekorieren.

Hinweis
Agar-Agar stammt aus einer Alge und ist somit ein pflanzliches Bindemittel.

*Variante
Statt des Orangensafts können Sie auch
frischen Maracujasaft verwenden.*

Quittenravioli

Für ca. 55 Stück

Kühlzeit: etwa 1 Stunde
Backzeit pro Blech:
etwa 25 Minuten

Zusätzliches Backutensil
gewellter Ausstecher

Mürbeteig
250 g weiche Butter
120 g Puderzucker
2 Eigelb (Größe M)
Mark von 1 Bourbonvanilleschote
Abrieb von ½ unbeh. Zitrone
1 Prise Meersalz
325 g Weizenmehl
40 g Speisestärke

Füllung
100 g Quittengelee
100 g fein gemahlene Mandeln
25 g Honig
Abrieb von ½ unbeh. Orange
1 g gemahlene Koriandersamen
1 EL Rum

Außerdem
Mehl zum Bearbeiten
4 Eigelb (Größe M) zum Zusammensetzen und Abglänzen

Dekor
kandierte Rosenblätter

1. Für den Teig Butter, Puderzucker, Eigelbe, Vanillemark, Zitronenabrieb und Salz zu einer glatten Masse verkneten.

2. Mehl und Speisestärke sieben und wie bei Streuseln zunächst kurz unterkneten, dann leicht zusammendrücken. Den Teig in Frischhaltefolie wickeln und ca. 1 Stunde kalt stellen.

3. Den Backofen auf 160 °C Ober- und Unterhitze vorheizen und Backbleche mit Backpapier auslegen.

4. Die Zutaten für die Füllung verrühren und dickflüssig einkochen, dann auskühlen lassen.

5. Auf einer leicht bemehlten Arbeitsfläche den Teig ca. 3 mm dünn ausrollen und mit dem Ausstecher Plätzchen ausstechen. Diese auf die vorbereiteten Backbleche setzen. Die Eigelbe verquirlen und die Ränder der Plätzchen damit einstreichen.

6. Die Füllung teelöffelweise auf den Plätzchen verteilen, diese dann mit einem zweiten Mürbeteigplätzchen abdecken und die Ränder mit einem runden Ausstecherrücken leicht zusammendrücken. Abschließend ihre Oberfläche mit verquirltem Ei abglänzen und mit kandierten Rosenblättern dekorieren.

7. Die Plätzchen nacheinander im Backofen auf mittlerer Schiene ca. 25 Minuten goldgelb backen, dann herausnehmen und auf Kuchengittern auskühlen lassen.

Tipp
Achten Sie beim Zusammendrücken darauf, dass die Ravioli gut verschlossen sind, sonst läuft die Füllung während des Backens heraus.

Variante
Mit Bitterschokolade überzogen schmecken die Quittenravioli noch mal so gut.

Variante
Wenn Sie keine Milchkonfitüre bekommen, können Sie auch gesüßte Kondensmilch aus der Dose nehmen. Kochen Sie diese über mehrere Stunden im Wasserbad karamellartig ein.

Alfajores
Argentinische Karamellplätzchen

Für ca. 48 Stück

Kühlzeit: etwa 2 Stunden
Backzeit pro Blech:
etwa 15–20 Minuten

Zusätzliches Backutensil
runder Ausstecher

Zutaten
200 g Weizenmehl
½ TL Natron
2 TL Backpulver
250 g Maisstärke (z.B. Maizena)
200 g weiche Butter
150 g feinster Zucker
1 Prise Meersalz
3 Eigelb (Größe M)
Mark von 1 Vanilleschote
1 EL Weinbrand
Abrieb von 1 unbeh. Zitrone

Außerdem
Mehl zum Bearbeiten
ca. 250 g Dulce de leche
(Milchkonfitüre)
100 g Kokosflocken
ca. 50 g Vollmilchkuvertüre

1. Das Mehl sieben und mit Natron, Backpulver sowie Stärke mischen.

2. Butter, Zucker und Salz verrühren, dabei ein Eigelb nach dem anderen zugeben und unterrühren.

3. Das Vanillemark, den Weinbrand und den Zitronenabrieb hinzufügen.

4. Dann das Mehlgemisch hineingeben und unterkneten, was eine ziemlich zähe Masse ergibt.

5. Den Teig zu einer Kugel formen, diese in Frischhaltefolie wickeln und für mindestens 2 Stunden kalt stellen.

6. Den Backofen auf 160 °C Ober- und Unterhitze vorheizen und Bleche mit Backpapier auslegen.

7. Den Teig auf einer leicht bemehlten Arbeitsfläche ca. 5 mm dünn ausrollen und mit einem runden Ausstecher Plätzchen ausstechen.

8. Die Plätzchen auf die vorbereiteten Bleche setzen und nacheinander auf mittlerer Schiene ca. 15–20 Minuten hell backen. Anschließend herausnehmen und auskühlen lassen.

9. Auf die Hälfte der Plätzchen jeweils einen Klecks Milchkonfitüre geben und jeweils eins der verbleibenden obenauf setzen. Drücken Sie die beiden Hälften so lange zusammen, bis die Karamellfüllung am Rand zu sehen ist. Rollen Sie die Plätzchen in Kokosflocken, bis der Rand damit bedeckt ist.

10. Die Vollmilchkuvertüre wie auf Seite 156 beschrieben temperieren und die erkalteten Plätzchen damit besprenkeln.

Tipp
Die Plätzchen sollten nur hell gebacken, also fast weiß sein.

Brutti ma Buoni
Piemontesische Makronen

Für ca. 120 Stück

*Backzeit pro Blech:
etwa 45 Minuten*

Zutaten
600 g gehackte Haselnüsse
8 Eiweiß (Größe M)
500 g Zucker
1 g Zimtpulver

1. Den Backofen auf 140 °C Ober- und Unterhitze vorheizen und Bleche mit Backpapier auslegen.

2. Die Haselnüsse in einer beschichteten Pfanne ohne Zugabe von Fett rösten und anschließend herausnehmen.

3. Das Eiweiß zu stabilem Schnee aufschlagen, den Zucker einrieseln lassen und den Zimt zugeben, dann die Haselnüsse unterheben. Die Masse über einem Wasserbad erwärmen (auf ca. 50 °C).

4. Den Teig mit Löffeln auf die vorbereiteten Bleche geben und die Plätzchen nacheinander auf mittlerer Schiene ca. 45 Minuten trocken ausbacken, dann herausnehmen und auskühlen lassen.

Tipp
Damit Sie möglichst lange etwas von den Plätzchen haben, bewahren Sie diese am besten trocken in Blechdosen auf.

Variante
Traditionell werden die Brutti ma buoni mit Mandeln hergestellt.

Varianten
Als Dekor können Sie sowohl kandierte Orangen als auch gehackte Mandeln verwenden.

Pangani
Italienisches Mandellikörgebäck

Für ca. 70 Stück

Kühlzeit: etwa 2 Stunden
Backzeit pro Blech:
etwa 20 Minuten

Zutaten
100 g weiche Butter
200 g Zucker
Mark von ½ Vanilleschote
1 Prise Meersalz
4 EL Kakaopulver
1 Ei (Größe M)
1 EL Mandellikör
250 g Weizenmehl
8 g Backpulver

Außerdem
Mehl zum Bearbeiten
Rohrzucker zum Wälzen
1 Glas (200 g) Amarenakirschen

1. Die Butter mit Zucker, Vanillemark und Salz verrühren.
2. Dann das Kakaopulver mit dem Ei und dem Likör unterarbeiten.
3. Das Mehl mit dem Backpulver dazusieben und unterkneten.
4. Auf einer leicht bemehlten Arbeitsfläche den Teig zu Rollen formen, diese mit Frischhaltefolie abdecken und im Kühlschrank ca. 2 Stunden kalt stellen.
5. Den Backofen auf 160 °C Ober- und Unterhitze vorheizen und Bleche mit Backpapier auslegen.
6. Die Rollen mit etwas Wasser befeuchten und im Rohrzucker wälzen.
7. Von den Rollen ca. 1 cm dicke Scheiben abschneiden, diese auf die vorbereiteten Bleche legen. Die Amarenakirschen halbieren und in die Mitte der Plätzchen je eine Kirschhälfte mit dem Daumen aufdrücken.
8. Die Plätzchen nacheinander auf mittlerer Schiene ca. 20 Minuten backen, dann herausnehmen und auskühlen lassen.

Tipp
Der Rohrzucker haftet besser, wenn Sie statt Wasser Eiweiß verwenden.

Cantuccini
Schokoladen-Pistazien-Kirsch-Cantuccini

Für ca. 30 Stück

*Backzeit:
etwa 35 Minuten*

Zutaten
240 g Weizenmehl
1 TL Natron
1 Prise Meersalz
40 g Kakaopulver
75 g weiche Butter
150 g brauner Zucker
2 Eier (Größe M)
120 g Pistazien
50 g Schokoladendrops
50 g getrocknete Kirschen, gehackt

Außerdem
Puderzucker zum Bestäuben

1. Den Backofen auf 180 °C Ober- und Unterhitze vorheizen und ein Blech mit Backpapier auslegen.

2. Das Mehl mit Natron, Salz und Kakaopulver sieben.

3. Die Butter mit dem Zucker schaumig schlagen, dann nach und nach die Eier unterrühren. Die Mehlmischung sowie die restlichen Zutaten unterkneten.

4. Aus dem Teig ca. 25 cm lange flache Rollen formen und auf das vorbereitete Backblech legen. Diese im Backofen auf mittlerer Schiene ca. 25 Minuten backen und dann auskühlen lassen.

5. Die Backofentemperatur auf 150 °C reduzieren. Die Rollen mit einem Sägemesser in ca. 2 cm dicke Scheiben schneiden und diese mit der Schnittfläche aufs Blech legen. Die Plätzchen anschließend weitere ca. 10 Minuten trocken ausbacken. Herausnehmen und auskühlen lassen.

Hinweis
Cantuccini sind die italienische Variante des Zwiebacks.

*Variante
Stellen Sie zur Abwechslung helle Cantuccini durch Weglassen von Kakaopulver, Schokoladendrops und Kirschen her. Ersetzen Sie diese durch Mandeln und Anis.*

Varianten
Verwenden Sie andere Nussarten oder aromatisieren Sie den Teig mit löslichem Kaffeepulver oder Gewürzen.

Ossa da mordere
Italienisches Haselnussgebäck

Für ca. 80 Stück

Trockenzeit: über Nacht
Backzeit pro Blech:
etwa 25 Minuten

Zutaten
500 g ganze Haselnüsse, geröstet
500 g Puderzucker
3 Eiweiß (Größe M)
25 g schwach entöltes Kakaopulver

1. Alle Zutaten zu einem Teig vermengen, diesen anschließend gleichmäßig auf ein Stück Backpapier streichen und über Nacht antrocknen lassen.

2. Am nächsten Tag Backbleche mit Backpapier auslegen und den Backofen auf 150 °C Ober- und Unterhitze vorheizen.

3. Den Teig in Quadrate von 3 × 3 cm schneiden. Diese mit ausreichend Abstand auf die mit Backpapier ausgelegten Bleche setzen und nacheinander auf mittlerer Schiene ca. 25 Minuten trocken ausbacken. Herausnehmen und abkühlen lassen.

Tipp
Die Kekse sehen zwar aus, als wären sie explodiert, zählen aber zu meinen absoluten Lieblingen. Sie sollten unbedingt trocken aufbewahrt werden.

Pugliesi
Italienisches Marzipangebäck

Für ca. 150 Stück

Ruhezeit: über Nacht
Backzeit pro Blech:
etwa 8 Minuten

Zusätzliches Backutensil
Spritzbeutel mit Sterntülle

Zutaten
100 g Orangeat
900 g weiche Marzipanrohmasse
25 g Honig
35 g geröstetes Haselnussmark
(im Feinkosthandel erhältlich)
4 Eiweiß (Größe M)
1 Prise Meersalz

Außerdem
Zucker zum Bestreuen
ca. 300 g geschälte Haselnüsse
(je Plätzchen 1 geschälte Haselnuss)

1. Bleche mit Backpapier auslegen.

2. Das Orangeat sehr fein hacken und zusammen mit den übrigen Zutaten zu einer glatten Masse rühren, wobei diese nicht zu schaumig geschlagen werden sollte.

3. Die Marzipanmasse in einen Spritzbeutel mit Sterntülle füllen und Rosetten auf die vorbereiteten Bleche dressieren.

4. Jede Rosette mit Zucker bestreuen, mit einer Haselnuss garnieren und über Nacht bei Raumtemperatur trocknen lassen.

5. Am nächsten Tag den Backofen auf 240 °C Ober- und Unterhitze vorheizen und die Plätzchen nacheinander auf mittlerer Schiene ca. 8 Minuten hell ausbacken. Anschließend herausnehmen und auskühlen lassen.

Tipp
Man kann die Masse auch auf vorgebackene Mürbeteigtartelettes dressieren und dann backen.

Variante
Anstatt des Haselnussmarks können Sie ersatzweise Nussnugatcreme verwenden.

Variante
Probieren Sie mal weiße Linzer aus. Dafür ersetzen Sie
den braunen Zucker durch weißen Kristallzucker, lassen
die Gewürze weg und verwenden statt der Haselnüsse
gemahlene geschälte Mandeln.

Braune Linzer Augen

Für ca. 55 Stück

*Backzeit pro Blech:
etwa 20 Minuten*

Zusätzliche Backutensilien
*Mini-Muffinform
(Ø 4 cm, Höhe 2 cm)
Spritzbeutel mit Lochtülle*

Zutaten
160 g fein gemahlene Haselnüsse
250 g weiche Butter
120 g brauner Zucker
Abrieb von 1 unbeh. Orange
Mark von 1 Vanilleschote
5 g Zimtblüten, gemörsert
(ersatzweise 3 g Zimtpulver)
2 g Nelkenpulver
1 Prise Meersalz
3 Eier (Größe M)
120 g Weizenmehl
230 g fein gemahlene Biskuit-
oder Keksbrösel

Außerdem
Butter zum Einfetten
Mini-Oblaten
Himbeerkonfitüre zum Füllen
Puderzucker zum Bestäuben

1. Backofen auf 180 °C Ober- und Unterhitze vorheizen und die Förmchen mit Butter einfetten.

2. Die Hälfte der Haselnüsse im Ofen rösten, bis sie anfangen zu duften, dann abkühlen lassen.

3. Die Butter mit Zucker, Orangenabrieb, Vanillemark und den restlichen Gewürzen cremig rühren.

4. Eier nach und nach unterrühren. Das Mehl sieben, mit den gerösteten und ungerösteten Haselnüssen sowie Bröseln mischen und unter die Masse geben.

5. Diese in einen Spritzbeutel mit Lochtülle füllen und damit den Boden der Mulden dünn bedecken. Dann je 1 Oblate darauflegen und den Teig entlang des Rands verteilen. Die Himbeerkonfitüre in die freie Oblatenmitte füllen und auf die Backbleche setzen.

6. Anschließend im Backofen auf mittlerer Schiene ca. 20 Minuten backen, noch warm mit Puderzucker absieben und auf Kuchengittern auskühlen lassen.

Tipp
Dieses Rezept schmeckt auch mit einem Nussmürbeteig sehr lecker.

Ischler Törtchen

Für ca. 55 Stück

Kühlzeit: etwa 1 Stunde
Backzeit pro Blech:
etwa 25 Minuten

Zusätzliches Backutensil
runder Ausstecher (Ø 4 cm)

Mürbeteig
140 g Zucker
40 g weiche Marzipanrohmasse
1 Prise Meersalz
1 g Zimtpulver
1 EL Rum
1 Ei (Größe M)
180 g weiche Butter
100 g gemahlene Mandeln
280 g Mehl

Füllung
200 g Himbeerkonfitüre
2 EL Himbeergeist

Außerdem
Mehl zum Bearbeiten
200 g Bitterkuvertüre
(mind. 60% Kakaoanteil)

Dekor
nach Belieben getrocknete Himbeeren

1. Für den Mürbeteig Zucker mit Marzipan, Salz, Zimt sowie Rum und Ei verkneten und anschließend die Butter nach und nach unterkneten.

2. Die Mandeln mit dem gesiebten Mehl vermischen und kurz unter die Buttermasse kneten. Den Teig in Frischhaltefolie wickeln und für ca. 1 Stunde im Kühlschrank kalt stellen.

3. Den Backofen auf 160 °C Ober- und Unterhitze vorheizen und Bleche mit Backpapier auslegen. Den Teig anschließend auf einer leicht bemehlten Arbeitsfläche maximal 3 mm dünn ausrollen und mit dem Ausstecher Plätzchen ausstechen.

4. Diese dann auf die vorbereiteten Bleche setzen und nacheinander im Backofen auf mittlerer Schiene ca. 25 Minuten backen. Anschließend herausnehmen und auf Kuchengittern auskühlen lassen.

5. Für die Füllung die Himbeerkonfitüre kurz aufkochen und Himbeergeist unterrühren. Je 2 Plätzchen damit füllen.

6. Die Kuvertüre wie auf Seite 156 beschrieben temperieren und die Plätzchen damit überziehen. Nach Belieben noch mit Kuvertüre besprenkeln und mit klein gebröselten Himbeeren dekorieren.

Tipp
Falls der Teig auseinanderfallen sollte, können Sie ihn mit etwas Eiswasser wieder zusammenkneten.

Variante
Füllen Sie die Plätzchen z.B. mit Orangenmarmelade sowie Whisky und überziehen Sie sie mit Vollmilchschokolade.

Variante
Wenn Sie nah am Original der Engadiner Nusstorte sein möchten, dann verwenden Sie ausschließlich Walnüsse.

Engadiner Konfekt

Für ca. 25 Stück

Kühlzeit: etwa 1 Stunde
Backzeit pro Blech:
etwa 20 Minuten

Zusätzliche Backutensilien
gewellter runder Ausstecher
kleine Tartaletteförmchen von derselben Größe

Teig
125 g weiche Butter
60 g Puderzucker
1 Eigelb (Größe M)
Mark von 1 Bourbonvanilleschote
Abrieb von ½ unbeh. Zitrone
1 Prise Meersalz
165 g Weizenmehl
20 g Speisestärke

Füllung
80 g Zucker
60 g Sahne
20 g Alpenwiesenhonig
Mark von 1 Vanilleschote
250 g gemischte Nüsse
(z.B. Haselnüsse, Walnüsse, Pistazien und Mandeln)

Außerdem
Mehl zum Bearbeiten

1. Für den Teig Butter, Puderzucker, Eigelb, Vanillemark, Zitronenabrieb und Salz zu einer glatten Masse verkneten.

2. Mehl sowie Speisestärke sieben und streuselartig kurz unterkneten. Den Teig leicht zusammendrücken, in Frischhaltefolie wickeln und ca. 1 Stunde kalt stellen.

3. Den Backofen auf 150 °C Ober- und Unterhitze vorheizen. Den Teig auf einer leicht bemehlten Arbeitsfläche ca. 3 mm dünn ausrollen und mit dem Ausstecher Plätzchen ausstechen.

4. Den Teig in die Tartaletteförmchen geben und auf einem Rost auf mittlerer Schiene ca. 20 Minuten goldgelb backen.

5. Für die Füllung den Zucker in einer Pfanne karamellisieren lassen. Die Sahne separat etwas erwärmen und portionsweise unter den Karamell rühren. Dann den Honig und das Vanillemark zugeben und so lange unter ständigem Rühren einkochen, bis die Masse gleichmäßig braun ist. Achten Sie darauf, dass Sie sie nicht zu lange einkochen, die Masse kristallisiert dann aus.

6. Die Nüsse unterrühren, anschließend die Masse mit 2 Teelöffeln gleichmäßig auf die Mürbeteigtartelettes verteilen und fest werden lassen.

Tipp
Besonders schön sehen die Tartelettes aus, wenn man sie leicht mit Puderzucker absiebt, bevor die Nussmasse hineingegeben wird.

Albertli
Rehaugen

Für ca. 40 Stück

Kühlzeit: etwa 1 Stunde
Backzeit pro Blech:
etwa 25 Minuten

Zusätzliches Backutensil
Ausstecher

Mürbeteig
165 g weiche Butter
75 g Zucker
2 Eigelb (Größe M)
Abrieb von ¼ unbeh. Zitrone
1 EL brauner Rum
Mark von ¼ Vanilleschote
1 Prise Meersalz
250 g Weizenmehl
100 g gemahlene Haselnüsse, geröstet

Füllung
100 g Nugat
einige Tropfen Rum

Außerdem
Mehl zum Bearbeiten

Dekor
200 g Vollmilchkuvertüre
100 g weiße Kuvertüre

1. Für den Teig Butter, Zucker, Eigelbe, Zitronenabrieb, Rum sowie Vanillemark und Salz zu einer glatten Masse verarbeiten.

2. Das Mehl sieben, mit den Haselnüssen mischen und unter die Buttermasse kneten. Den Teig in Frischhaltefolie wickeln und ca. 1 Stunde kalt stellen.

3. Den Backofen auf 160 °C Ober- und Unterhitze vorheizen. Bleche mit Backpapier auslegen. Den Teig auf einer leicht bemehlten Arbeitsfläche ca. 3 mm dünn ausrollen, mit dem Ausstecher Plätzchen ausstechen. Diese auf die Bleche legen und anschließend nacheinander im Backofen auf mittlerer Schiene ca. 25 Minuten ausbacken. Die Plätzchen vom Blech nehmen und auskühlen lassen.

4. Für die Füllung den Nugat auflösen und tröpfchenweise mit etwas Rum anstocken, sodass er nicht mehr verläuft. Dann je 2 ausgekühlte Plätzchen damit füllen.

5. Die Vollmilchkuvertüre wie auf Seite 156 beschrieben temperieren. Die Plätzchen zur Hälfte in die temperierte Kuvertüre tauchen und auf Backpapier legen.

6. Die weiße Kuvertüre separat über dem Wasserbad schmelzen und damit Augen auf die Plätzchen garnieren. Die Augen mit einem Tupfer Vollmilchkuvertüre verzieren und die Plätzchen damit noch dekorativ besprenkeln.

Tipp
Wer es beim Dekorieren etwas einfacher haben möchte, kann natürlich auch Schokoladenglasur und Dekorzucker verwenden.

Varianten
*Albertli werden wegen des aufgespritzten Schokoladenauges
auch Rehaugen genannt. Um mehrere Varianten zu bekommen,
können Sie mit Gewürzen, Nüssen und Füllungen spielen.*

Variante
In Deutschland ist diese Spezialität als Springerle bekannt. Sie werden in typischen Holzmodeln mit traditionellen Mustern geprägt.

Anis-Chräbeli
Nürnberger Eierzucker · Ansibrötle
Springerli · Schwäbische Springerle

Für ca. 45 Stück

Trockenzeit: über Nacht
Backzeit pro Blech:
etwa 25 Minuten

Zutaten
2 Eier (Größe M)
250 g Puderzucker
250 g Weizenmehl
50 g Speisestärke
1 g Hirschhornsalz
15 ml Kirschwasser

Außerdem
Butter zum Einfetten
Mehl zum Bearbeiten
2 EL ganze Anissamen

1. Die Eier mit dem Puderzucker verrühren und über einem Wasserbad mit einem Handrührgerät schaumig schlagen. Die Masse anschließend vom Wasserbad nehmen und kalt schlagen.

2. Das Mehl mit der Stärke versieben und unter die Eimasse heben. Anschließend das Hirschhornsalz im Kirschwasser auflösen, zugeben und alles zu einem glatten, zarten Teig verkneten. Falls nötig, kleinste Mengen Mehl zugeben, bis der Teig nicht mehr an den Händen klebt.

3. Den Teig mit Frischhaltefolie abgedeckt ca. 1 Stunde ruhen lassen. Backbleche dünn einfetten, mehlen und mit den Anissamen bestreuen.

4. Die klassische Hahnenkamm-Form aus der Schweiz erhalten Sie, indem Sie den Teig zu 1 cm dicken Rollen formen, diese in 5 cm lange Stücke teilen, diagonal spitz zuschneiden, ein wenig nach außen biegen und mit kurzen Schnitten an einer Seite den Hahnenkamm andeuten. Die Plätzchen auf die Anissamenbleche setzen.

5. Die Plätzchen an einem warmen Ort über Nacht trocknen, dabei die Größe der einzelnen Gebäckstücke beachten, denn je kleiner sie sind, desto kürzer ist die Trockenzeit.

6. Den Backofen auf 150 °C Ober- und Unterhitze vorheizen. Die Springerle nacheinander im Backofen auf mittlerer Schiene ca. 25 Minuten backen und anschließend dort etwa 10 Minuten ruhen lassen, den Ofen zuvor ausschalten. Abschließend herausnehmen und abkühlen lassen.

Tipp
Das Gebäck zusammen mit einem aufgeschnittenen Apfel lagern, sonst wird es schnell hart. Man kann die Springerle vor dem Verzehr auch in einen Dessertwein, z.B. Muscat de Noël, tunken – wie in Italien die Cantuccini in Vin Santo.

Crocants
Französisches Nussgebäck

Für ca. 40 Stück

*Backzeit pro Blech:
etwa 10 Minuten*

Zutaten
200 g ganze Haselnüsse
100 g ganze Mandeln
300 g Zucker
1 TL Zimt
Mark von 1 Vanilleschote
5 Eiweiß (Größe M)

1. Den Backofen auf 170 °C Ober- und Unterhitze vorheizen und ein Blech mit Backpapier auslegen.

2. Haselnüsse und Mandeln grob hacken.

3. Die Mandeln und Nüsse sowie die restlichen Zutaten mit einem Schneebesen verrühren. In einem Topf die Mischung so lange erwärmen (auf ca. 65 °C), bis sich der Zucker gelöst hat.

4. Die Masse mithilfe eines Esslöffels in kleinen Haufen auf das vorbereitete Blech setzen und auf mittlerer Schiene ca. 10 Minuten backen. Herausnehmen und auskühlen lassen.

Tipp
Die Plätzchen aus dem Süden Frankreichs sollten luftdicht und trocken gelagert werden.

*Varianten
Probieren Sie anstelle der Haselnüsse und Mandeln andere Nusssorten aus.*

Grüntee-Mandel-Macarons mit Maracuja-Mango-Konfit

Für ca. 40 Stück

Backzeit pro Blech:
etwa 10–12 Minuten

Zusätzliches Backutensil
Spritzbeutel mit Lochtülle

Füllung
150 g Mangofruchtfleisch, in Würfeln
50 g Maracujafruchtfleisch (ohne Kerne)
100 g Gelierzucker 2:1

Macaronmasse
185 g geschälte Mandeln
185 g Puderzucker
10 g Matcha-Grüntee-Pulver
5 Eiweiß (Größe M)
50 ml Wasser
200 g feinster Zucker

1. Für die Füllung die Früchte mit dem Gelierzucker mischen. Kurz für 1 Minute aufkochen und pürieren. In ein passendes Gefäß umfüllen und zum Auskühlen beiseitestellen.

2. Sobald die Masse erstarrt ist, kann man sie zum besseren Verarbeiten nochmals aufmixen und durch ein Sieb passieren.

3. Backofen auf 170 °C Ober- und Unterhitze vorheizen. Bleche mit beschichtetem Backpapier oder am besten mit Teflonpapier belegen.

4. Für die Macarons die Mandeln in einer Küchenmaschine fein zu Pulver mahlen und mit Puderzucker und Grünteepulver nochmals pulverisieren.

5. Dann die Hälfte des Eiweiß – etwa 75 g – zugeben und zu einer glatten Masse mixen.

6. In einem Topf Wasser mit Zucker auf 118 °C kochen – am besten die Temperatur mit einem Zuckerthermometer kontrollieren. Das restliche Eiweiß zu stabilem Schnee aufschlagen. Den aufgelösten Zucker in dünnem Strahl in den Eischnee laufen lassen und so lange schlagen, bis der Schaum kalt ist. Dann diesen unter die Mandelmasse rühren. Die Masse sollte eher von kompakter Konsistenz sein. (Man kann den Schnee natürlich auch kalt herstellen, aber dann glänzen die Schäumchen nicht.)

7. Diese Masse in einen Spritzbeutel mit Lochtülle füllen und auf die vorbereiteten Bleche kleine Tupfen dressieren. Das Blech leicht auf der Hand aufschlagen, sodass die Tupfen ein wenig zerlaufen. Nacheinander auf mittlerer Schiene ca. 10–12 Minuten backen. Herausnehmen und auskühlen lassen.

8. Sobald die Schäumchen ausgekühlt sind, die Hälfte davon mit dem Fruchtaufstrich bestreichen und mit einem zweiten Macaron belegen.

Tipp
Wem das Grünteepulver zu außergewöhnlich ist, kann den Tee gegen Speisestärke austauschen.

Varianten
In der Schweiz werden die Macarons bzw. Luxemburgerli mit Buttercreme in allen Geschmacksrichtungen hergestellt und in Frankreich gibt es außer mit Schokoladentrüffelmassefüllung sogar Macarons mit Gänseleberfüllung zu Weihnachten.

Varianten
Probieren Sie unterschiedliche Honigsorten aus. Durch den Einsatz von z. B. mildem Blütenhonig oder kräftigem Kastanienhonig können Sie den Geschmack variieren.

Jødekager
Schwedische Pfeffernüsse

Für ca. 165 Stück

Kühlzeit: etwa 2 Stunden
Backzeit pro Blech:
etwa 20 Minuten

Zutaten
250 g Butter
200 g brauner Zucker
100 g Ahornsirup
25 g Waldhonig
75 g kandierter Ingwer, gehackt
75 g gehackte Mandeln
Abrieb von 1 unbeh. Zitrone
½ TL Ingwerpulver
¼ TL Kardamompulver
¼ TL Nelkenpulver
1 TL Zimtpulver
1 Prise Meersalz
1 Ei (Größe M)
1 TL Pottasche
500 g Weizenmehl (Type 1050)

Außerdem
brauner Zucker zum Wälzen

1. In einem Topf die Butter mit Zucker, Ahornsirup und Honig unter ständigem Rühren aufkochen.

2. Den Ingwer, die Mandeln, den Zitronenabrieb und die Gewürze zugeben, unterrühren und die Masse auskühlen lassen.

3. Das Ei trennen. Das Eiweiß kalt stellen, das Eigelb mit der Pottasche verrühren und unter die kalte Masse geben.

4. Das Mehl sieben und nach und nach unter die kalte Masse kneten.

5. Den Teig halbieren und auf einer bemehlten Arbeitsfläche zu 4 cm dicken Rollen formen. Diese mit Frischhaltefolie abdecken und ca. 2 Stunden kalt stellen.

6. Den Backofen auf 160 °C Ober- und Unterhitze vorheizen und Bleche mit Backpapier auslegen.

7. Die Rollen mit dem Eiweiß bestreichen und in Zucker wälzen. Davon anschließend ca. 5 mm dünne Scheiben abschneiden und diese auf die vorbereiteten Backbleche legen.

8. Die Plätzchen nacheinander auf mittlerer Schiene ca. 20 Minuten backen, anschließend herausnehmen und abkühlen lassen.

Tipp
Lagern Sie die Plätzchen in einer Gebäckdose 1 Woche, bevor Sie sie verzehren, dann sind sie gut durchgezogen und perfekt zum Genießen.

Zedernbrot

Für ca. 30 Stück

*Kühlzeit: etwa 1 Stunde
Backzeit pro Blech:
etwa 10 Minuten*

Zusätzliches Backutensil
Backmatte aus Silikon
(ersatzweise Frischhaltefolie)
mondförmiger oder runder
Ausstecher

Teig
250 g weiche Marzipanrohmasse
75 g feinster Zucker
75 g geschälte Mandeln,
fein gemahlen
10 g Weizenmehl
20 g fein gehacktes Cedrat
(ersatzweise Zitronat)

Glasur
1 Eiweiß (Größe M)
90 g Puderzucker
1 Spritzer Zitronensaft

1. Das Marzipan mit Zucker, Mandeln, Mehl und Cedrat verkneten. Die Masse zu einer Kugel formen, in Frischhaltefolie wickeln und ca. 1 Stunde kalt stellen.

2. Für die Glasur das Eiweiß mit dem Puderzucker und dem Zitronensaft glatt rühren, bis es eine stabile Konsistenz hat.

3. Den Backofen auf 180 °C Ober- und Unterhitze vorheizen und Bleche mit Backpapier auslegen.

4. Die Marzipanmasse am besten auf einer Silikonbackmatte ca. 1 cm dick ausrollen und mit der Glasur dünn bestreichen.

5. Mit dem Ausstecher Monde ausstechen, diese auf die vorbereiteten Bleche legen und nacheinander auf mittlerer Schiene ca. 10 Minuten backen. Herausnehmen und die Plätzchen vollständig auskühlen lassen.

Tipp
Verwenden Sie zum Ausrollen idealerweise eine Silikonbackmatte, an ihr klebt der Teig nicht so. Ersatzweise können Sie auch Frischhaltefolie oder einen aufgeschnittenen Gefrierbeutel nehmen.

Variante
Für Orangen-Marzipan-Schiffchen geben Sie statt des Cedrats 20 g fein gehackte kandierte Melone, Abrieb von 1 unbehandelten Orange und einige Tropfen Bittermandelöl sowie Orangenblütenwasser zum Marzipan. Die Marzipanmasse wie oben beschrieben ausrollen, in der Größe von Oblaten ausstechen, auf eine Oblate legen und mit einer zweiten Oblate bedecken. Diese dann mit der Glasur bestreichen und wie oben beschrieben backen.

Neue Kreationen

Varianten
Spielen Sie mit den Früchten, die Sie verwenden. So eignen sich z. B. Datteln besonders gut.

Orientalische Florentiner Berge

Für ca. 45 Stück

*Backzeit pro Blech:
etwa 20 Minuten*

Zusätzliche Backutensilien
kleiner Eisportionierer
Spritztütchen
(ersatzweise Teelöffel)

Zutaten
60 g fein gemahlene Mandeln
150 g gehobelte Mandeln
80 g getrocknete Kirschen
80 g getrocknete Cranberries
20 g Orangeat
20 g Pistazien
50 g Butter
100 g Honig
125 g Milch
125 g Sahne
Abrieb von 1 unbeh. Orange
1 Prise Salz
Mark von 1 Vanilleschote
20 g Weizenmehl (Type 1050)

Außerdem
1 Päckchen Backoblaten (Ø 4 cm)
50 g weiße Kuvertüre

1. Zunächst im vorgeheizten Backofen bei 160 °C Ober- und Unterhitze die gemahlenen und die gehobelten Mandeln ohne Zugabe von Fett hell rösten.

2. Kirschen, Cranberries und das Orangeat sehr fein hacken, ebenso die Pistazien.

3. In einem Topf Butter, Honig, Milch und Sahne sowie Orangenabrieb aufkochen. Die vorbereiteten Zutaten sowie Salz, Vanillemark und Mehl miteinander mischen. Alles zugeben und bei geringer Hitze unter ständigem Rühren ca. 5 Minuten rösten. Die Masse anschließend etwas abkühlen lassen.

4. Die Temperatur des Backofens auf 170 °C Ober- und Unterhitze erhöhen und Bleche mit Backpapier auslegen.

5. Die Masse mithilfe eines Eisportionierers oder 2 Teelöffeln als kleine Berge auf die Oblaten geben und diese auf die vorbereiteten Backbleche setzen.

6. Die Plätzchen nacheinander auf mittlerer Schiene ca. 20 Minuten backen, dann herausnehmen und auskühlen lassen.

7. Die Kuvertüre wie auf Seite 156 beschrieben temperieren, dann in ein Spritztütchen füllen und damit bzw. alternativ mithilfe eines in die Kuvertüre getauchten Teelöffels übersprenkeln.

Tipp
Bewahren Sie das Gebäck in gut verschlossenen Gebäckdosen auf.

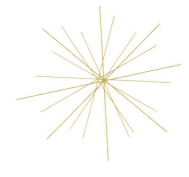

Latte-macchiato-Kekse

Für ca. 100 Stück

Kühlzeit: etwa 1 Stunde
Backzeit pro Blech:
etwa 12–15 Minuten

Zusätzliche Backutensilien
Sternausstecher
Spritzbeutel mit Sterntülle

Teig
1 TL lösliches Kaffeepulver
2 TL Kakaopulver
1 Ei (Größe M)
100 g brauner Zucker
Mark von 1 Vanilleschote
125 g weiche Butter
250 g Weizenmehl
1 Prise Meersalz
50 g gehackte weiße Schokolade

Baiser
2 Eiweiß (Größe M)
4 g lösliches Kaffeepulver
120 g feinster Zucker

Außerdem
Mehl zum Bearbeiten
100 Kaffeebohnen
zum Dekorieren

1. Für den Teig das lösliche Kaffeepulver mit Kakaopulver und Ei verquirlen.

2. Nach und nach den Zucker, das Vanillemark und die Butter unterrühren.

3. Das Mehl sieben und zusammen mit dem Salz und der gehackten Schokolade unterkneten, bis ein glatter Teig entstanden ist. Diesen zu einer Kugel formen, in Frischhaltefolie wickeln und ca. 1 Stunde kalt stellen.

4. Den Backofen auf 175 °C Ober- und Unterhitze vorheizen und die Bleche mit Backpapier auslegen.

5. Den Teig portionsweise auf einer leicht bemehlten Arbeitsfläche ca. 3 mm dünn ausrollen und mit dem Ausstecher Sterne ausstechen. Diese auf die Bleche setzen.

6. Für das Baiser zuerst das Eiweiß mit dem Kaffee mischen und aufschlagen, dann nach und nach den Zucker einrieseln lassen. Das Ganze so lange schlagen, bis ein stabiler Schnee entstanden ist.

7. Den Schnee in einen Spritzbeutel mit Sterntülle füllen und auf den Plätzchen dressieren. Diese mit je einer Kaffeebohne dekorieren und nacheinander auf mittlerer Schiene ca. 12–15 Minuten backen. Anschließend die Plätzchen herausnehmen und vollständig abkühlen lassen.

Tipp
Achten Sie darauf, dass Sie den Baiser nicht zu lange backen, sonst wird er zu trocken.

Variante
Um einen intensiveren Kaffeegeschmack zu bekommen, verwenden Sie einfach lösliches Espressopulver.

Schokoladen-Chili-Stäbchen

Für ca. 50 Stück

Kühlzeit: etwa 1 Stunde
Backzeit pro Blech:
etwa 20 Minuten

Mürbeteig
125 g weiche Butter
150 g Zucker
Mark von ½ Bourbonvanilleschote
Abrieb von ½ unbeh. Orange
1 TL Chilipulver (dem verträglichen Schärfegrad und eigenem Geschmack entsprechend)
1 Prise Meersalz
1 Ei (Größe M)
1 Eigelb (Größe M)
275 g Weizenmehl
1 g Backpulver

Schokoladen-Chili-Glasur
200 g Bitterschokolade
(mind. 70 % Kakaoanteil)
½ TL Chilipulver

Außerdem
Mehl zum Bearbeiten
2 Eigelb zum Bestreichen

1. Die Butter mit Zucker, Vanillemark, Orangenabrieb, Chilipulver und Salz leicht cremig rühren.

2. Dann das Ei sowie das Eigelb nach und nach zugeben. Das Mehl mit dem Backpulver dazusieben und nur kurz untermischen. Den Teig zu einer Kugel formen, diese in Frischhaltefolie einwickeln und ca. 1 Stunde kalt stellen.

3. Den Backofen auf 160 °C Ober- und Unterhitze vorheizen und Bleche mit Backpapier auslegen.

4. Den Teig auf einer leicht bemehlten Arbeitsfläche ca. 1 cm dick ausrollen. Diesen mit einem Messer in Stäbchen von 1 × 7 cm schneiden, auf die vorbereiteten Bleche setzen und mit den verquirlten Eigelben bestreichen.

5. Die Plätzchen nacheinander auf mittlerer Schiene ca. 20 Minuten backen, dann herausnehmen und auskühlen lassen.

6. Für die Schokoladenglasur diese wie auf Seite 156 beschrieben temperieren, anschließend mit dem Chilipulver mischen. Jedes der ausgekühlten Stäbchen entweder wie ein Streichholz an einem Ende oder ganz mit der abgeschmeckten Kuvertüre überziehen und fest werden lassen.

Tipp
Einfacher geht das Ausrollen des Teigs, wenn Sie ihn zwischen 2 Silikonbackmatten ausrollen.

Varianten
Verwenden Sie einmal Piment d'espelette, der ist schön aromatisch und nicht so scharf. Und wenn es richtig scharf sein soll, können Sie Habaneros nehmen – dann sind die Plätzchen aber nichts für Kinder.

Thymiankekse
mit Orangen-Trüffel-Füllung und Vollmilchschokolade

Für ca. 35 Stück

Kühlzeit: etwa 1 Stunde
Backzeit pro Blech:
etwa 25 Minuten

Zusätzliches Backutensil
beliebiger Ausstecher

Mürbeteig
120 g Puderzucker
180 g weiche Butter
5 g getrockneter Thymian
Abrieb von 1 unbeh. Zitrone
1 Prise Meersalz
2 Eier (Größe M)
300 g Weizenmehl

Füllung
50 g frisch gepresster Orangensaft
Abrieb von 1 unbeh. Orange
100 g fein gehackte
Vollmilchschokolade
50 g weiche Butter
20 ml Orangenlikör (40% Vol.)

Außerdem
Mehl zum Bearbeiten
200 g Vollmilchschokolade

1. Den Puderzucker mit Butter, Thymian, Zitronenabrieb und Salz verkneten.

2. Nach und nach die Eier sowie das gesiebte Mehl unterkneten.

3. Den Teig zu einer Kugel formen, diese in Frischhaltefolie wickeln und ca. 1 Stunde kalt stellen.

4. In der Zwischenzeit die Füllung herstellen. Dafür in einem Topf den Orangensaft mit der Schale aufkochen und sofort über die fein gehackte Schokolade geben. Die Masse so lange rühren, bis sich die Schokolade aufgelöst hat, diese dafür gegebenenfalls nochmals leicht erwärmen.

5. Dann die Butter in kleinen Stückchen unterrühren und zum Schluss den Alkohol hinzugeben.

6. Die Masse im Kühlschrank kalt stellen und den Backofen auf 150 °C Ober- und Unterhitze vorheizen. Bleche mit Backpapier auslegen.

7. Den Teig auf einer leicht bemehlten Arbeitsfläche ca. 3 mm dünn ausrollen und mit einem beliebigen Ausstecher Plätzchen ausstechen. Diese auf die vorbereiteten Backbleche legen und nacheinander auf mittlerer Schiene ca. 25 Minuten backen. Die Kekse abschließend herausnehmen, auskühlen lassen und jeweils 2 davon mit der leicht schaumig gerührten Füllung in der Mitte zusammensetzen.

8. Die Vollmilchschokolade wie auf Seite 156 beschrieben temperieren. Damit die ausgekühlten Plätzchen diagonal absetzen oder besprenkeln.

Tipp
Die Backofentemperatur sollte nicht über 160 °C steigen, da sonst das Aroma der Kräuter darunter leidet.

Varianten
Probieren Sie einmal andere Kräuter wie z. B. Rosmarin aus.

Grüntee-Cookies
mit Cranberries

Für ca. 24 Stück

Backzeit: etwa 15 Minuten

Zusätzliches Backutensil
Mini-Tarteletteform aus Silikon (ersatzweise Muffinform)

Zutaten
50 g zerlassene Butter
30 g Pistazien, fein gehackt
25 g geschälte Mandeln, fein gemahlen
25 g Puderzucker
25 g Weizenmehl
2 Eiweiß (Größe M)
35 g Zucker
2 g Matcha-Grüntee-Pulver
80 g getrocknete Cranberries

Außerdem
Puderzucker zum Bestäuben

1. Den Backofen auf 180 °C Ober- und Unterhitze vorheizen.

2. Alle Zutaten bis auf die Cranberries miteinander verrühren und den Teig in die Form füllen.

3. Die Teigoberfläche mit den Cranberries dekorieren.

4. Die Cookies auf dem Rost auf mittlerer Schiene ca. 15 Minuten backen.

5. Nach dem Backen aus der Form lösen, mit etwas Puderzucker leicht bestäuben und vollständig auskühlen lassen.

Tipp
Frisch aus dem Ofen schmecken die Cookies am besten.

Varianten
Probieren Sie Haselnüsse anstatt der Mandeln und nehmen Sie 1 Prise Zimt anstatt des Tees.

Variante
Nehmen Sie statt des blauen weißen Mohn.

Mohn-Preiselbeer-Makronen

Für ca. 24 Stück

Backzeit pro Blech:
etwa 20 Minuten
Kühlzeit nach dem Backen:
etwa 20 Minuten

Zusätzliches Backutensil
Spritzbeutel mit großer Lochtülle

Makronenmasse
2 Eiweiß (Größe M)
1 Prise Meersalz
170 g feinster Zucker
240 g gemahlener Mohn
Abrieb von 1 unbeh. Zitrone

Füllung
350 g Preiselbeerkonfitüre
3 TL Speisestärke

Außerdem
Mohn zum Bestreuen

1. Den Backofen auf 140 °C Ober- und Unterhitze vorheizen und Bleche mit Backpapier auslegen.

2. Das Eiweiß mit Salz und zunächst etwas Zucker schaumig schlagen, dann nach und nach den übrigen Zucker einrieseln lassen, bis ein stabiler Schnee entstanden ist.

3. Dann den Mohn und den Zitronenabrieb unterheben.

4. Die Masse in einen Spritzbeutel mit großer Lochtülle geben und in kleinen, gleichmäßigen Tupfen auf die vorbereiteten Bleche dressieren. Die Plätzchen mit etwas Mohn bestreuen und nacheinander auf mittlerer Schiene ca. 20 Minuten backen.

5. In der Zwischenzeit die Füllung herstellen. Dafür in einem Topf die Preiselbeerkonfitüre erwärmen und durch ein feines Sieb streichen. Dann die Speisestärke mit etwas Wasser anrühren und zugeben. Die Konfitüre erneut unter Rühren aufkochen und binden, dann abkühlen lassen.

6. Die fertig gebackenen Mohnmakronen abkühlen lassen. Die Hälfte davon mit der Preiselbeerkonfitüre bestreichen und mit einer zweiten Makrone belegen.

Tipp
Mohn muss immer gemahlen verwendet werden. Benutzen Sie dafür am besten eine Mohnmühle oder verwenden Sie Backmohn.

Kürbiskern-Buchweizenecken

Für ca. 70 Stück

Kühlzeit: etwa 1 Stunde
Backzeit: etwa 35 Minuten

Mürbeteig
150 g Buchweizenmehl
200 g Buchweizenhonig
(alternativ Waldhonig)
70 g weiche Butter
Mark von 1 Vanilleschote
Abrieb von ½ unbeh. Zitrone
1 Prise Meersalz
150 g Weizenmehl
1 ML* Backpulver

Kürbiskernmasse
30 g Zucker
200 g Sahne
15 g Buchweizenhonig
Mark von 1 Vanilleschote
250 g gehackte Kürbiskerne

Außerdem
Mehl zum Bearbeiten
500 g weiße Schokolade
200 g Bitterkuvertüre

*Mokkalöffel

1. Für den Teig Buchweizenmehl, Honig, Butter, Vanillemark, Zitronenabrieb und Salz zu einer glatten Masse verkneten.

2. Mehl und Backpulver sieben und nur kurz streuselartig unterkneten. Den Teig leicht zusammendrücken, in Frischhaltefolie einschlagen und ca. 1 Stunde im Kühlschrank kalt stellen.

3. Den Backofen auf 150 °C Ober- und Unterhitze vorheizen und ein Blech mit Backpapier auslegen.

4. Den Teig auf einer leicht bemehlten Arbeitsfläche ca. 3 mm dünn in Größe des Backblechs ausrollen. Den Teig aufs Blech legen und auf mittlerer Schiene ca. 20 Minuten blind backen.

5. In der Zwischenzeit die Kürbiskernmasse herstellen. Dafür den Zucker in einer Pfanne karamellisieren lassen, parallel dazu die Sahne erwärmen und portionsweise unterrühren. Den Honig und das Vanillemark zugeben und so lange unter ständigem Rühren einkochen, bis die Masse gleichmäßig braun ist.

6. Abschließend die Kürbiskerne unterrühren und die Masse mithilfe von 2 Teelöffeln oder einer Teigkarte gleichmäßig auf der Mürbeteigplatte verteilen. Die Backofentemperatur auf 160 °C erhöhen und weitere ca. 15 Minuten backen. Das Blech herausnehmen, leicht abkühlen lassen und in beliebige Formen, z.B. Recht- oder Dreiecke, schneiden.

7. Die weiße Schokolade sowie die Bitterkuvertüre separat wie auf Seite 156 beschrieben temperieren. Die Gebäcke diagonal in die Kuvertüre tauchen und auf einem Backpapier trocknen lassen. Mit der Bitterkuvertüre diagonal besprenkeln.

Variante
Bei diesem Rezept handelt es sich um eine Abwandlung der klassischen Nussecken. Wenn Sie diese zubereiten wollen, tauschen Sie folgende Zutaten aus: Bei der Kürbiskernmasse verwenden Sie anstatt Kürbiskernen gehackte Haselnüsse und Mandeln. Den Buchweizenmürbeteig können Sie durch einen normalen Mürbeteig ersetzen und nach dem Backen mit Aprikosenkonfitüre bestreichen. Dann die Nussmasse darauf verteilen, erneut backen und nach dem Schneiden in Bitterkuvertüre tauchen.

Tipp
Verwenden Sie zum Schneiden ein leicht geöltes Messer, dann bleibt die Kürbiskernmasse nicht so daran kleben.

Earl-Grey-Sterne

Für ca. 55 Stück

*Ruhe- bzw. Kühlzeit:
etwa 1,5 Stunden
Backzeit pro Blech:
etwa 25 Minuten*

Zusätzliches Backutensil
Sternausstecher

Zutaten
250 g Butter
3 EL Earl-Grey-Teeblätter
120 g heller Rohrzucker
60 g Speisestärke
1 ML* Maldon Sea Salt Flakes
320 g Weizenmehl

Außerdem
Mehl zum Bearbeiten
2 Eigelb (Größe M)
brauner Rohrzucker zum Bestreuen

*Mokkalöffel

1. In einem Topf die Butter schmelzen, die Teeblätter damit übergießen und ca. 30 Minuten ziehen lassen. Die Butter gegebenenfalls wieder verflüssigen, abschließend durch ein Sieb gießen und im Kühlschrank erkalten lassen.

2. Die aromatisierte Butter mit Zucker, Stärke und Salz schaumig rühren, dann das gesiebte Mehl unterkneten und den Teig zu einer Kugel formen. Diese in Frischhaltefolie einschlagen und ca. 1 Stunde kalt stellen.

3. Den Backofen auf 160 °C Ober- und Unterhitze vorheizen und Bleche mit Backpapier auslegen.

4. Den Teig auf einer leicht bemehlten Arbeitsfläche ca. 1 cm dick ausrollen und mit dem Ausstecher Sterne ausstechen. Diese auf die vorbereiteten Bleche setzen, mit den verquirlten Eigelben bestreichen und mit Rohrzucker bestreuen.

5. Die Plätzchen nacheinander auf mittlerer Schiene ca. 25 Minuten backen, anschließend herausnehmen und auskühlen lassen.

Tipp
Statt der Maldon Sea Salt Flakes können Sie auch eine Prise normales Meersalz verwenden.

*Varianten
Spielen Sie hier mit unterschiedlichen Teesorten, so erhalten Sie verschiedene Geschmacksrichtungen.*

Lebkuchen

Variante
Probieren Sie alternativ statt der Nussmischung nur Walnüsse und Vollmilchschokolade als Überzug.

Elisenlebkuchen

Für ca. 15 Stück à 45 g (Ø 8 cm)

Trockenzeit: über Nacht
Backzeit pro Blech:
etwa 20 Minuten

Zutaten
3 Eier (Größe M)
235 g Puderzucker
Abrieb von ½ unbeh. Orange
10 g kandierter Ingwer,
fein gehackt
je ½ TL Zimtpulver, Nelkenpulver,
Korianderpulver, Pimentpulver,
Macis (Muskatblüte),
Kardamompulver
Mark von 1 Vanilleschote
120 g Haselnüsse, gehackt
120 g Haselnüsse, fein gemahlen
25 g Walnüsse, grob gehackt
50 g Orangeat, fein gehackt
50 g Zitronat, fein gehackt
Abrieb von ½ unbeh. Zitrone
50 g gesiebtes Weizenmehl

Außerdem
15 große runde Oblaten (Ø 8 cm)
60 g geschälte Mandeln, halbiert
Gekochte Zuckerglasur
(siehe Seite 157)
250 g Bitterkuvertüre zum
Überziehen

1. Die Eier mit dem Puderzucker und dem Orangenabrieb über einem Wasserbad erwärmen (auf ca. 35 °C), zunächst mit einem Handrührgerät schaumig schlagen. Anschließend vom Wasserbad nehmen und kalt schlagen.

2. Die restlichen Zutaten unter die Eimasse geben und alles glatt rühren. Die Oblaten mit der Masse ca. 1 cm dick bestreichen und auf mit Backpapier ausgelegte Bleche setzen.

3. Einen Teil der Lebkuchen mit je 3 Mandelhälften belegen, alle über Nacht trocknen lassen.

4. Am nächsten Tag den Backofen auf 180 °C Ober- und Unterhitze vorheizen und die Lebkuchen nacheinander auf mittlerer Schiene ca. 20 Minuten backen.

5. Die Lebkuchen mit Mandeln noch heiß mit Zuckerglasur bestreichen. Die restlichen Lebkuchen auskühlen lassen, dann mit der aufgelösten und temperierten Bitterkuvertüre (siehe Seite 156) überziehen. Abschließend mit 3 Mandelhälften belegen und die Kuvertüre fest werden lassen.

Tipp
Sie können die Lebkuchen auch ohne vorheriges Trocknen backen. Dadurch gehen sie aber stärker auf und werden so schneller trocken.

Nürnberger Lebkuchen
Die Hälfte des Puderzuckers durch Honig ersetzen, statt Walnüssen und Orangeat die gleiche Menge Kokosflocken verwenden. 100 g Rumrosinen zufügen und die Gewürze durch 4 g Anispulver, 4 g Zimtpulver, 2 g Korianderpulver, 2 g Nelkenpulver, 1 g Macispulver, 0,5 g Fenchelpulver, 0,5 g Pimentpulver und 1 g Vanillemark ersetzen. Nehmen Sie statt der runden Oblaten eckige.

Magenbrot

Für ca. 80 Stück

*Backzeit pro Blech:
etwa 15 Minuten*

Teig
170 g Honig
170 g Zucker
70 g Wasser
535 g Weizenmehl
1 Ei (Größe M)
80 g Orangeat, fein gehackt
50 g Biskuitbrösel
5 g Zimtpulver
5 g Anispulver
2 g Nelkenpulver
8 g Hirschhornsalz
100 g Milch

Glasur
600 g Zucker
200 g Wasser
20 g Kakaopulver
5 g Zimtpulver

1. Den Backofen auf 190 °C Ober- und Unterhitze vorheizen und Bleche mit Backpapier auslegen.

2. In einem Topf Honig, Zucker und Wasser erwärmen (auf ca. 85 °C), bis sich der Zucker gelöst hat.

3. Das Mehl sieben und heiß unterrühren, dann die restlichen Zutaten bis auf Hirschhornsalz und Milch zugeben.

4. Das Hirschhornsalz in der Milch auflösen und zum Teig geben. Diesen gut durchkneten und zu Rollen von 2 cm Durchmesser und etwa 30 cm Länge formen. Diese auf die vorbereiteten Backbleche legen und nacheinander auf mittlerer Schiene ca. 15 Minuten backen.

5. Die Rollen etwas abkühlen lassen, jedoch in noch warmem Zustand mit einem scharfen Messer in 3 cm dicke Scheiben schneiden.

6. In der Zwischenzeit die Glasur herstellen. Dazu den Zucker in Wasser aufkochen, bis eine Temperatur von 107 °C erreicht ist, dann das Kakaopulver und den Zimt unterrühren.

7. Eine nicht zu große Menge Magenbrot mithilfe eines Schöpfers mit Glasur übergießen und es auf diese Weise sorgfältig damit überziehen. Das restliche Magenbrot auf die gleiche Weise glasieren.

8. Das Magenbrot auf Kuchengittern verteilen und im noch warmen Backofen kurz antrocknen lassen.

Tipp
Kontrollieren Sie die Temperatur am besten mit einem Zuckerthermometer.

Variante
Wenn das Magenbrot etwas weniger süß sein soll, verwenden Sie anstatt der Zuckerglasur temperierte Bitterkuvertüre (siehe Seite 156).

Pfeffernüsse

Weiße Pfeffernüsse · Helgoländer
Offenbacher Champagnerkorken

Für ca. 150 Stück

Ruhezeit:
etwa 2 Stunden und über Nacht
Backzeit pro Blech:
etwa 20 Minuten

Zusätzliches Backutensil
runder Ausstecher (Ø 2 cm)

Zutaten
5 Eier (Größe M)
500 g Puderzucker
Abrieb von 1 unbeh. Orange
1 TL Ingwer, fein gehackt
Mark von 1 Vanilleschote
½ TL Kardamompulver
½ TL Korianderpulver
1 TL weißer Pfeffer
1 Prise Meersalz
1 TL Hirschhornsalz
1 EL Cognac
375 g Weizenmehl (Type 550)
375 g Weizenmehl (Type 1050)

Außerdem
Butter zum Einfetten
Mehl zum Bearbeiten
Cognac zum Bestreichen

1. Die Eier mit dem Puderzucker und dem Orangenabrieb über einem Wasserbad mit einem Handrührgerät schaumig schlagen. Die Masse anschließend vom Wasserbad nehmen und kalt schlagen.

2. Nach und nach Ingwer, Vanillemark und die Gewürze zugeben. Dann das Hirschhornsalz im Cognac auflösen, die Flüssigkeit zugeben und die gesiebten Mehle unterkneten.

3. Den Teig ca. 2 Stunden abgedeckt ruhen lassen. Bleche mit Butter einfetten, dann den Teig auf einer leicht bemehlten Arbeitsfläche ca. 2 cm dick ausrollen und mit dem Ausstecher Plätzchen ausstechen.

4. Diese auf die vorbereiteten Bleche setzen und über Nacht trocknen lassen.

5. Am nächsten Tag den Backofen auf 180 °C Ober- und Unterhitze vorheizen. Die Plätzchen wenden und die Oberfläche mit Cognac bestreichen.

6. Die Plätzchen nacheinander auf mittlerer Schiene ca. 20 Minuten backen, dann herausnehmen und auskühlen lassen.

Tipp
Wenn Sie mögen, können Sie die Plätzchen auf der Oberseite mit Zuckerglasur abglänzen.

Variante
Versuchen Sie mal braune Gewürze statt der hellen zu verwenden, so erhalten Sie eine zweite Variante, die vorzüglich zu Glühwein passt.

Variante
Für die klassische Alternative kann statt Aprikosen- auch Himbeermark verwendet werden. Und anstelle von weißer Kuvertüre kann man selbstverständlich auch Bitterkuvertüre für den Überzug nehmen.

Weiße Dominosteine

Für ca. 60 Stück

Ruhezeit: etwa 24 Stunden
Backzeit: etwa 20 Minuten

Lebkuchenteig
80 g Honig
65 g Zucker
18 g Wasser
6 g Lebkuchengewürz
100 g Weizenmehl
100 g Roggenmehl (Type 997)
1 Eigelb (Größe M)
3 g Hirschhornsalz
20 g Milch
2 g Pottasche

Aprikosengelee
16 g Pektin
320 g Zucker
180 g Aprikosenfruchtmark
120 g Wasser
140 g Glucosesirup
(erhältlich beim Konditor oder im Fachhandel)
8 g Zitronensäurepulver

Pinienmarzipan
90 g geröstete Pinienkerne
300 g weiche Marzipanrohmasse
15 g Lavendelhonig

Außerdem
Mehl zum Bearbeiten
Dessertwein, um die Schichten miteinander zu verbinden
300 g weiße Kuvertüre zum Überziehen
Kakaopulver zum Dekorieren

1. Für den Lebkuchenteig den Honig mit 60 g Zucker und 12 g Wasser in einem Topf erwärmen (auf ca. 60 °C), bis alle Zuckerkristalle aufgelöst sind.

2. Dann das Lebkuchengewürz, gesiebtes Weizen- sowie Roggenmehl zugeben, alles miteinander mischen und abkühlen lassen.

3. Das Eigelb mit dem restlichen Zucker schaumig schlagen und das Hirschhornsalz mit der Milch sowie der Pottasche und dem restlichen Wasser vermischen. Die Masse nach und nach zum Teig geben, diesen einen Tag ruhen lassen.

4. Den Backofen auf 190 °C Ober- und Unterhitze vorheizen und ein Backblech mit Backpapier auslegen.

5. Den Teig auf einer leicht bemehlten Arbeitsfläche ca. 3 mm dünn ausrollen, auf das Blech legen, anschließend mit einer Gabel mehrmals einstechen und auf mittlerer Schiene ca. 20 Minuten backen, dann auskühlen lassen.

6. Für das Aprikosengelee in einem Topf Pektin mit 40 g Zucker mischen, dann das Aprikosenfruchtmark und das Wasser zugeben und aufkochen.

7. Den restlichen Zucker sowie den Glucosesirup zugeben, alles auf 106 °C erhitzen und mit Zitronensäure abschmecken.

8. Das Gelee sofort auf die Lebkuchenplatte geben und gleichmäßig verteilen.

9. Für das Pinienmarzipan die gerösteten Pinienkerne hacken und mit der Marzipanrohmasse sowie dem Lavendelhonig verkneten.

10. Das Pinienmarzipan zunächst am besten zwischen Frischhaltefolie ca. 1 cm dick ausrollen, dann auf einer Seite mit Dessertwein bestreichen und anschließend mit der bestrichenen Seite nach unten auf die Aprikosen-Lebkuchen-Platte rollen. Die Platte schließlich in 4 × 4 cm große Würfel schneiden.

11. Die Kuvertüre wie auf Seite 156 beschrieben temperieren, dann die Dominosteine damit überziehen und fest werden lassen. Mit Kakaopulver bestäuben.

Tipp
Verwenden Sie zur Feststellung der Kochtemperatur ein Zuckerthermometer.

Aachener Printen

Für ca. 135 Stück

Kühlzeit: etwa 1 Stunde
Backzeit pro Blech:
etwa 15 Minuten

Zusätzliches Backutensil
*Silikonbackmatte
(ersatzweise Frischhaltefolie)*

Zutaten
300 g Weizenmehl (Type 550)
150 g Roggenmehl (Type 660)
3 g Zimtpulver
4 g Anispulver
1 g Muskatpulver
1 g Nelkenpulver
2 g Korianderpulver
1 g Pimentpulver
1 g Ingwerpulver
10 g Orangeat, fein gehackt
10 g Zitronat, fein gehackt
375 g Honig
85 g brauner Rohrzucker
100 g brauner Grümmelkandis
1 Eigelb (Größe M)
4 g Pottasche
2 g Hirschhornsalz
1 EL Wasser

Außerdem
Milch zum Bestreichen

Dekor
600 g Bitterkuvertüre zum Überziehen
Trockenfrüchte (z.B. gehackte Feigen, Aprikosen, Korinthen, Cranberries)
Nüsse (z.B. Haselnüsse, Pistazien, Pinienkerne)

1. Gesiebtes Weizen- sowie Roggenmehl, Gewürze, Orangeat und Zitronat mischen.

2. Den Honig auf 60 °C erwärmen und zur Mehlmischung geben. Alles zu einem Teig verarbeiten und abkühlen lassen.

3. Den Backofen auf 160 °C Umluft vorheizen und Bleche mit Backpapier auslegen.

4. Rohrzucker und Grümmelkandis zugeben und unterkneten. Das Eigelb mit der Pottasche zunächst glatt rühren und unter den Teig kneten, dann Hirschhornsalz in etwas kaltem Wasser auflösen und ebenfalls unter den Teig kneten.

5. Den Teig am besten auf einer Silikonbackmatte oder auf Frischhaltefolie ca. 2,5 mm dünn ausrollen, dann in Rechtecke von 4 × 6 cm schneiden. Diese auf die Bleche legen und mit einer Gabel einstechen, mit Milch bestreichen und ca. 15 Minuten backen.

6. Die Kuvertüre wie auf Seite 156 beschrieben temperieren. Von den ausgekühlten Printen jeweils eine Ecke in die Bitterkuvertüre tauchen und diese dekorativ mit den Trockenfrüchten und Nüssen verzieren, bevor die Kuvertüre fest wird.

Tipp
Sollte sich der Teig nach dem Backen als zu trocken herausstellen, kann man die Printen für einige Tage an einem feuchten Platz lagern, damit sie wieder weicher werden.

Varianten
Alternativ kann man die Printen
z. B. mit Nugat oder Marzipan
füllen, so werden sie noch leckerer.

Thorner Kathrinchen

Thorner Honigkuchen · Thorner Pflastersteine

Für ca. 45 Stück

Kühlzeit: über Nacht
Backzeit pro Blech:
etwa 25 Minuten

Zusätzliches Backutensil
Thorner-Kathrinchen-Ausstecher
(ersatzweise kann man auch einen anderen verwenden)

Zutaten
25 g Butter
25 g Schmalz
100 g Zucker
200 g Buchweizenhonig
6 g Lebkuchengewürz (bestehend aus z.B. 1,5 g Zimtpulver, 1 g Nelkenpulver, 1 g Sternanispulver, 1 g Ingwerpulver, 1 g Macispulver, 0,5 g Kardamompulver)
1 Prise Meersalz
Abrieb von 1 unbeh. Zitrone
500 g Weizenmehl (Type 550)
1 Eigelb (Größe M)
6 g Pottasche
8 g Hirschhornsalz
15 ml Rosenwasser

Außerdem
Mehl zum Bearbeiten
Milch zum Bestreichen
Stärkeglasur (siehe Seite 157)

Dekor
geschälte Mandelhälften
kandierte Früchte

1. Butter und Schmalz mit Zucker und Honig in einem Topf kurz aufkochen, bis sich der Zucker gelöst hat.

2. Lebkuchengewürz, Salz und Zitronenabrieb unterrühren, dann die Masse abkühlen lassen.

3. Das Mehl in die Masse sieben und einarbeiten. Zunächst das Eigelb mit der Pottasche verrühren und unterkneten, dann das Hirschhornsalz im Rosenwasser auflösen und ebenfalls unterkneten.

4. Den Teig zu einer Kugel formen, in Frischhaltefolie wickeln und über Nacht kühl lagern.

5. Am nächsten Tag den Backofen auf 160 °C Ober- und Unterhitze vorheizen und Bleche mit Backpapier auslegen.

6. Den Teig auf einer leicht bemehlten Arbeitsfläche erneut durchkneten und portionsweise 5 mm dünn ausrollen und Lebkuchen ausstechen. Diese auf die vorbereiteten Bleche legen.

7. Das Backgut mit Milch bestreichen, mit den Mandeln sowie kandierten Früchten dekorieren und nacheinander auf mittlerer Schiene ca. 25 Minuten backen.

8. Die Lebkuchen noch heiß mit Stärkeglasur abglänzen und auskühlen lassen.

Tipp
Wenn Sie die Lebkuchen vor dem Backen mit Milch abstreichen, bekommen sie eine glatte Oberfläche.

Variante
Bestreichen Sie die Lebkuchen alternativ mit Bitterschokolade.

Pulsnitzer Pfefferkuchen

Für ca. 30 Stück

Kühlzeit: etwa 3 Monate
Backzeit: etwa 20 Minuten

Zusätzliche Backutensilien
beliebige Ausstecher/Form

Zutaten
16 g Gewürzmischung
(6 g Zimtpulver,
4 g Nelkenpulver,
2 g Kardamompulver,
4 g Macispulver)
100 g Wiesenhonig
100 g Zuckerrübensirup
20 g Wasser
150 g Weizenmehl (Type 550)
50 g Roggenmehl (Type 660)
4 g Pottasche
1 Eigelb (Größe M)
2 g Hirschhornsalz
1 TL Rosenwasser

Außerdem
Mehl zum Bearbeiten
Milch zum Bestreichen
Eiweißglasur (siehe Seite 157)

1. Zunächst die Gewürzmischung aus den angegebenen Zutaten herstellen, davon 5 g abwiegen und den Rest beiseitestellen.

2. Honig mit Sirup und Wasser in einem Topf auf 80 °C erwärmen, anschließend die Gewürzmischung unterrühren und dann abkühlen lassen.

3. Die Mehle in die abgekühlte Masse sieben und alles zu einem Teig verkneten. Diesen zu einer Kugel formen, in Frischhaltefolie wickeln und ca. 3 Monate an einem kühlen Ort lagern.

4. Nach der Ruhezeit den Backofen auf 160 °C Ober- und Unterhitze vorheizen und ein Blech mit Backpapier auslegen.

5. Den Teig auf einer leicht bemehlten Arbeitsfläche kneten, die Pottasche mit dem Eigelb verrühren und unterkneten. Dann das Hirschhornsalz im Rosenwasser auflösen und zum Schluss unter den Teig kneten.

6. Den Teig nochmals gut durchkneten und ca. 7 mm dünn ausrollen, dann mit Ausstechern Plätzchen ausstechen, diese mit Milch bestreichen und anschließend auf das vorbereitete Blech setzen.

7. Die Pfefferkuchen auf mittlerer Schiene ca. 20 Minuten backen, noch heiß mit der Eiweißglasur bestreichen und auskühlen lassen.

Tipp
Pfefferkuchen sollten immer mit Honig hergestellt werden, denn nur so schmecken sie lecker.

Varianten
Kneten Sie Nüsse und kandierte Früchte unter den Teig oder
überziehen Sie die Lebkuchen mit Schokolade.

Basler Leckerli

Für ca. 50 Stück

Kühlzeit: über Nacht
Backzeit: etwa 15 Minuten

Zutaten
350 g Honig
300 g Zucker
450 g Weizenmehl
200 g gehackte Mandeln
100 g Orangeat, fein gehackt
4 g Zimtpulver
Mark von 1 Vanilleschote
2 g Muskatpulver
1 g Nelkenpulver
Abrieb und Saft
von 1 unbeh. Zitrone
30 ml Kirschwasser

Außerdem
Mehl zum Bearbeiten
Milch zum Bestreichen
Gekochte Zuckerglasur
(siehe Seite 157)

1. Honig und Zucker in einem Topf auf 95 °C erhitzen.

2. Unmittelbar danach die Hälfte des gesiebten Mehls unterrühren, dann das übrige Mehl sowie die restlichen Zutaten unterkneten. Den Teig mit Frischhaltefolie bedeckt auskühlen lassen und über Nacht kühl lagern.

3. Den Backofen auf 210 °C Ober- und Unterhitze vorheizen und ein Backblech mit Backpapier auslegen. Den Teig auf einer leicht bemehlten Arbeitsfläche ca. 5 mm dünn ausrollen, auf das vorbereitete Backblech legen und mehrmals mit einer Gabel einstechen.

4. Die Oberfläche mit Milch bestreichen und auf mittlerer Schiene ca. 15 Minuten backen.

5. Den noch heißen Teig mit der Zuckerglasur bestreichen und mit einem Sägemesser in Stücke von 4 × 6 cm schneiden.

Tipp
In der industriellen Herstellung wird zum Schneiden eine Bandsäge verwendet. Solange der Teig noch heiß ist, kann man stattdessen aber auch einen Pizzaschneider nehmen oder warten, bis die Teigplatte nach einigen Tagen Lagerung an einem Ort mit hoher Luftfeuchtigkeit wieder weich ist.

Varianten
Spielen Sie mit Gewürzen und geben Sie nach Belieben kandierte Früchte und Bitterkuvertüre hinzu.

Berner Haselnusslebkuchen

Für ca. 30 Stück

Kühlzeit: etwa 1 Stunde
Backzeit pro Blech:
etwa 10 Minuten

Zusätzliches Backutensil
Silikonbackmatte
(ersatzweise Frischhaltefolie)

Zutaten
150 g gemahlene Haselnüsse
100 g gemahlene Mandeln
175 g Puderzucker
75 g Alpenhonig
2 Eiweiß (Größe M)
1 EL Kirschwasser
50 g Orangeat, fein gehackt
2 g Zimtpulver
1 Prise Meersalz
Abrieb von ¼ unbeh. Orange

Glasur
Gummiarabikum-Glasur
(siehe Seite 157)

1. Den Backofen auf 210 °C Ober- und Unterhitze vorheizen und Bleche mit Backpapier auslegen. Die Hälfte der Haselnüsse im Backofen rösten.

2. Die gerösteten Haselnüsse zusammen mit den übrigen Zutaten in einer Schüssel mischen und über einem Wasserbad leicht erwärmen.

3. Die Masse erkalten lassen und auf einer Silikonbackmatte oder auf Frischhaltefolie 1 cm dick ausrollen.

4. Den Teig auf die vorbereiteten Bleche legen und auf mittlerer Schiene ca. 10 Minuten backen.

5. Direkt nach dem Backen den noch heißen Teig mit der vorbereiteten Gummiarabikum-Glasur abglänzen und in Rechtecke schneiden.

Tipp
Je feiner die Nüsse gemahlen sind, desto saftiger sind die Lebkuchen.

Varianten
Jede andere Nussart kann anstatt von Haselnüssen bzw. Mandeln verwendet werden.

Weihnachtsstollen

Varianten
Es gibt ganz viele Variationsmöglichkeiten von den Früchten bis zu den Gewürzen. Ich persönlich mag die Bittermandeln nicht, aber das Original sieht sie vor.

Stollen Dresdner Art

Für 2 Stollen (à ca. 800 g)

Ruhezeit: etwa 2–3 Tage
Backzeit pro Blech:
etwa 50 Minuten

Fruchtmischung
500 g Sultaninen
100 g Korinthen
80 g Orangeat
40 g Zitronat
70 g Mandelsplitter
5 g gemahlene Bittermandeln
60 ml Rum

Hefeteig
100 ml Milch
1 Würfel Hefe (42 g)
50 g Honig
200 g gesiebtes Weizenmehl
220 g weiche Butter
8 g Meersalz
80 g weiche Marzipanrohmasse
Abrieb von ½ unbeh. Zitrone
Mark von 1 Vanilleschote
4 g Macis (Muskatblüte)
1 g Kardamompulver
1 g gemahlene Tonkabohne

Außerdem
Mehl zum Bearbeiten
500 g zerlassene Butter
zum Bestreichen
Zimtzucker zum Bestäuben
Puderzucker zum Bestäuben

1. Für die Fruchtmischung alle Zutaten miteinander vermengen und mehrere Tage zugedeckt an einem nicht zu kalten Ort ziehen lassen.

2. Für den Hefeteig die Milch erwärmen. Die Hefe und den Honig zugeben, sodass sich diese langsam darin auflösen. Dann Mehl zufügen und zu einem glatten Teig verkneten.

3. Den Teig mit etwas Mehl bestäuben und zugedeckt an einem warmen Ort ca. 30 Minuten gehen lassen, bis die Mehldecke deutliche Risse aufweist.

4. Nun die restlichen Zutaten untermengen und alles zu einem glatten, stabilen Teig verkneten.

5. Die Früchte vorsichtig, ohne sie zu zerdrücken, unterkneten.

6. Den Teig halbieren und zugedeckt ca. 10 Minuten gehen lassen. Diesen daraufhin auf einer bemehlten Arbeitsfläche erst zu Kugeln und dann längs zu Rollen formen. In der Mitte und auf einer der beiden Seiten mit einem Rührlöffel leicht eindrücken, die linke Seite leicht versetzt auf die rechte schlagen. Den entstandenen mittleren Teil mit den Händen zu einem Wulst formen. Den zweiten Stollen auf die gleiche Weise herstellen. Die Stollen einzeln auf mit Backpapier ausgelegte Bleche setzen und zugedeckt ca. 20 Minuten gehen lassen.

7. Den Backofen auf 190 °C Ober- und Unterhitze vorheizen.

8. Die Stollen nacheinander backen. Hierzu die Stollen mit Alufolie abdecken und im Backofen ca. 30 Minuten backen. Dann die Folie entfernen, die Temperatur auf 180 °C senken und ca. 20 Minuten weiterbacken.

9. Die Stollen direkt nach dem Backen zweimal mit zerlassener Butter bestreichen und dick mit Zimtzucker bestreuen. Abschließend auskühlen lassen und vor dem Servieren mit Puderzucker bestäuben.

Tipp
Stollen entfaltet erst nach einigen Tagen Ruhezeit sein volles Aroma und sollte deswegen nicht sofort nach dem Backen verzehrt werden. Er lässt sich grundsätzlich gut vorbereiten, so ist es etwa möglich, den fertigen Stollen in Alufolie gewickelt einzufrieren und bei Bedarf aufzutauen. Da das Rezept sehr reich an Butter und Früchten ist, kann man Stollenformen verwenden. Diese halten den Teig beim Backen in Form.

Hüttentaler Quarkstollen

Für 1 Stollen

Ruhezeit: etwa 2–3 Tage
Backzeit: etwa 1 Stunde

Fruchtmischung
50 g getr. Pflaumen, gehackt
50 g getr. Birnen, gehackt
50 g getr. Aprikosen, gehackt
100 g Sultaninen
50 g Walnüsse
50 g Haselnüsse
80 ml Zwetschgenwasser

Hefeteig
125 g Milch
1 Würfel Hefe (42 g)
20 g Honig
100 g Zucker
Mark von 1 Vanilleschote
Abrieb von 1 unbeh. Zitrone
150 g Quark (20 % Fett)
500 g gesiebtes Weizenmehl
1 Prise Meersalz
125 g weiche Butter

Außerdem
Mehl zum Bearbeiten
500 g zerlassene Butter
zum Bestreichen
Zucker zum Bestreuen

1. Für die Fruchtmischung die Zutaten gut vermengen und zugedeckt an einem warmen Ort einige Tage ziehen lassen.

2. Für den Hefeteig die Milch erwärmen, Hefe und Honig darin auflösen und ca. 20 Minuten gehen lassen.

3. Zucker, Vanillemark, Zitronenabrieb und den Quark zugeben und gut unterrühren. Das Mehl mit dem Salz mischen, hinzugeben und alles zu einem glatten Teig kneten. Diesen erneut ca. 20 Minuten gehen lassen.

4. Anschließend zunächst die Butter, dann die Früchte kurz unterkneten.

5. Den Stollenteig auf einer leicht bemehlten Arbeitsfläche zu einem Rechteck ausrollen und von der Längsseite her aufrollen. Nun mithilfe einer Teigrolle der Länge nach eine Vertiefung in den Stollen drücken und die linke Seite leicht versetzt auf die rechte schlagen. Den entstandenen mittleren Teil mit den Händen zu einem Wulst formen. Den Stollen auf ein mit Backpapier ausgelegtes Blech setzen und erneut 20 Minuten gehen lassen.

6. Den Backofen auf 180 °C Ober- und Unterhitze vorheizen.

7. Den Stollen im Backofen auf mittlerer Schiene ca. 1 Stunde backen und unmittelbar danach mit zerlassener Butter bestreichen und mit Zucker bestreuen.

Hinweis
Aufgrund des geringeren Butteranteils ist Quarkstollen nicht so lange haltbar wie klassischer Stollen.

Variante
Anstelle der Odenwälder Fruchtmischung können Sie auch die klassische mit Korinthen, Sultaninen sowie Rum verwenden. So erhalten Sie eine leichtere Stollenalternative.

Rheingauer Rieslingstollen

Für 4 Stollen

Ruhezeit: etwa 2–3 Tage
Backzeit pro Blech: etwa 1 Stunde

Fruchtmischung
800 g Sultaninen
200 g getrocknete Äpfel
50 g getrocknete Bananen
150 g Mandelstifte
400 ml Riesling Spätlese
50 ml Rieslingbrand

Hefeteig
250 g Milch
3 Würfel Hefe (à 42 g)
50 g Honig
1,4 kg gesiebtes Weizenmehl
2 Eier (Größe M)
130 g Zucker
50 g gesiebtes Traubenkernmehl
15 g Meersalz
Abrieb von 1 unbeh. Zitrone
Abrieb von 1 unbeh. Limette
3 g Zitronenmyrthe
3 g Koriandersamen
3 g Kardamompulver
2 g getrocknetes Koriandergrün
2 g gemahlener grüner Pfeffer
Mark von 1 Vanilleschote
700 g weiche Butter
50 ml natives Traubenkernöl

Außerdem
Mehl zum Bearbeiten
500 g zerlassene Butter
zum Bestreichen
Limettenzucker
(Zucker mit gemahlenen
Limettenblättern)

1. Für die Fruchtmischung die Zutaten miteinander vermengen und zugedeckt einige Tage ziehen lassen.

2. Für den Hefeteig die Milch erwärmen und Hefe sowie Honig darin auflösen und einige Minuten gehen lassen.

3. Ein Drittel des Mehls dazugeben, alles zu einem Teig kneten und ca. 30 Minuten gehen lassen.

4. Die Eier mit dem Zucker, dem restlichen Mehl, dem Traubenkernmehl und den Gewürzen unterkneten. Den Teig erneut ca. 30 Minuten gehen lassen.

5. Die Butter zusammen mit dem Öl in 3 Portionen unter den Teig kneten. Diesen noch einmal gehen lassen und abschließend die Früchte vorsichtig unterkneten.

6. Den Stollenteig in 4 Portionen teilen. Jede Portion auf einer leicht bemehlten Arbeitsfläche zu einem Rechteck ausrollen und von der Längsseite her aufrollen. Nun mithilfe einer Teigrolle der Länge nach eine Vertiefung in den Stollen drücken und die linke Seite leicht versetzt auf die rechte schlagen. Den entstandenen mittleren Teil mit den Händen zu einem Wulst formen. Den Stollen auf ein mit Backpapier ausgelegtes Blech setzen und erneut gehen lassen. Die übrigen Teigportionen auf die gleiche Weise zu Stollen verarbeiten.

7. Den Backofen auf 200 °C Ober- und Unterhitze vorheizen. Die Stollen nacheinander auf der mittleren Schiene 20 Minuten anbacken, die Temperatur dann auf 190 °C senken und in ca. 40 Minuten fertig backen.

8. Nach dem Backen die Stollen direkt mit flüssiger Butter bestreichen und mit dem Limettenzucker bestreuen.

Tipp
Genießen Sie eine Riesling Spätlese zum Stollen.

Variante
Wenn's ein bisschen teurer sein darf, können Sie z. B. einen Eiswein zum Einlegen der Früchte verwenden.

Rotweinstollen

Für 4 Stollen

Ruhezeit: etwa 2–3 Tage
Backzeit pro Blech: etwa 1 Stunde

Fruchtmischung
600 g Rosinen
200 g Korinthen
400 g getrocknete Kirschen
150 g Kakaobohnensplitter
400 ml Rotwein

Hefeteig
250 g Milch
3 Würfel Hefe (à 42 g)
50 g Honig
1,5 kg gesiebtes Weizenmehl
2 Eier (Größe M)
130 g Zucker
15 g Meersalz
10 g getrocknete Holunderbeeren
2 g Kardamompulver
2 g schwarzer Pfeffer
4 g Wacholderbeeren
Mark von 1 Vanilleschote
700 g weiche Butter

Außerdem
Mehl zum Bearbeiten
500 g zerlassene Butter zum Bestreichen
Veilchenzucker (Zucker mit gemahlenen kandierten Veilchen)

1. Für die Fruchtmischung alle Zutaten miteinander vermengen und zugedeckt einige Tage ziehen lassen.

2. Für den Hefeteig die Milch erwärmen und die Hefe sowie den Honig darin auflösen, dann einige Minuten gehen lassen.

3. Ein Drittel des Mehls dazugeben, alles mischen und an einem warmen Ort ca. 30 Minuten gehen lassen.

4. Die Eier, den Zucker, das restliche Mehl sowie die Gewürze unterkneten und den Teig an einem warmen Ort ca. 30 Minuten gehen lassen, bis sich sein Volumen sichtbar vergrößert hat.

5. Die Butter in 3 Portionen unter den Teig kneten und diesen erneut ca. 30 Minuten gehen lassen, dann die Früchte vorsichtig unterkneten.

6. Den Stollenteig vierteln, jede Portion auf einer leicht bemehlten Arbeitsfläche zu einem Rechteck ausrollen und von der Längsseite her aufrollen. Nun mithilfe einer Teigrolle der Länge nach eine Vertiefung in den Stollen drücken und die linke Seite leicht versetzt auf die rechte schlagen. Den entstandenen mittleren Teil mit den Händen zu einem Wulst formen. Die restlichen Portionen auf die gleiche Weise zu Stollen verarbeiten. Je 2 Stollen auf ein mit Backpapier ausgelegtes Blech setzen und erneut ca. 30 Minuten gehen lassen.

7. Den Backofen auf 200 °C Ober- und Unterhitze vorheizen. Die Bleche nacheinander auf der mittleren Schiene erst ca. 20 Minuten anbacken, dann die Temperatur auf 190 °C senken und in ca. 40 Minuten fertig backen.

8. Nach dem Backen die Stollen mit flüssiger Butter bestreichen und mit dem Veilchenzucker bestreuen.

Tipp
Besonders aromatisch schmeckt der Stollen, wenn Sie einen kräftigen Rotwein verwenden.

Variante
Wenn Sie auf das Buttern und Zuckern verzichten möchten,
können Sie den Stollen nach dem Abkühlen auch mit einer
Glasur aus Bitterschokolade überziehen.

Mohnstriezel

Für 2 Striezel

Ruhezeit: etwa 2–3 Tage
Backzeit: etwa 1 Stunde

Mandel-Frucht-Mischung
150 g Mandelstifte
90 g Zitronat
30 ml Rum

Füllung
475 g Milch
100 g Zucker
Abrieb von ½ unbeh. Zitrone
Mark von 1 Vanilleschote
3 g Zimtblüten
1 g Nelkenpulver
300 g frisch gemahlener Mohn
60 g Weizengrieß
200 g weiche Marzipanrohmasse
2 Eiweiß (Größe M)
30 ml Rum
50 g Biskuitbrösel

Hefeteig
185 g Milch
30 g Hefe
25 g Honig
500 g gesiebtes Weizenmehl
1 Prise Meersalz
2 g Macis (Muskatblüte)
1 g Kardamompulver
Mark von 1 Vanilleschote
Abrieb von ½ unbeh. Zitrone
250 g weiche Butter

Außerdem
Mehl zum Bearbeiten
300 g zerlassene Butter zum Bestreichen
Zucker zum Bestreuen

1. Für die Fruchtmischung alle Zutaten vermengen und zugedeckt an einem nicht zu kalten Ort einige Tage ziehen lassen.

2. Für die Füllung die Milch mit dem Zucker, Zitronenabrieb, Vanillemark sowie Gewürzen kurz aufkochen. Dann den Mohn und den Grieß einrieseln lassen und einige Minuten kochen. Zum Schluss das Marzipan in kleinen Stücken unterrühren, bis alles glatt ist.

3. Eiweiß, Rum und die Biskuitbrösel unterheben, dann die Masse auskühlen lassen und mit Frischhaltefolie abdecken.

4. Für den Hefeteig die Milch erwärmen und die Hefe sowie den Honig darin auflösen.

5. Die Hälfte des Mehls zur Milch geben und alles zu einem Teig verkneten.

6. Das restliche Mehl mit dem Salz und den Gewürzen mischen und damit den Teig bedecken. Alles ca. 30 Minuten abgedeckt an einem warmen Ort gehen lassen.

7. Von der Butter ebenfalls zunächst die Hälfte zugeben, alles zu einem glatten Teig verkneten und dann die zweite Hälfte hinzufügen. Erst zum Schluss die Früchte kurz unterkneten.

8. Den Teig ca. 10 Minuten ruhen lassen, diesen dann wie auch die Mohnmasse halbieren. Beide Teighälften auf einer leicht bemehlten Arbeitsfläche rechteckig zu einer Größe von ca. 30 × 36 cm ausrollen. Jeweils gleichmäßig mit der Hälfte der Mohnmasse bestreichen und von beiden Seiten zur Mitte hin aufrollen. Die beiden Striezel auf ein mit Backpapier ausgelegtes Blech legen.

9. Den Backofen auf 180 °C Ober- und Unterhitze vorheizen. Die Striezel ca. 20 Minuten gehen lassen, dann mit Wasser bestreichen und im Backofen auf der mittleren Schiene ca. 1 Stunde backen. Anschließend herausnehmen und auskühlen lassen.

10. Die Striezel zweimal mit zerlassener Butter bestreichen und zum Schluss mit Zucker bestreuen.

Hinweis
Mohnstollen ist nicht so lange haltbar wie klassischer Stollen und sollte daher schnell verzehrt werden.

Variante
Sehr gut schmeckt auch anstelle der Mohnfüllung eine Mischung aus verschiedenen Nüssen.

Variante
Besonders gut schmecken die Stollenschnecken, wenn Sie als Grundlage einen Plunderteig anstelle des einfachen Hefeteigs verwenden.

Exotische Stollenschnecken

Für ca. 50 Stück

Ruhezeit: etwa 6 Stunden
Backzeit pro Blech:
etwa 15 Minuten

Fruchtmischung
40 g getrocknete Mango
40 g getrocknete Ananas
40 g getrocknete Papaya
20 g Orangeat
40 g kandierter Ingwer
50 g Kakaobohnensplitter
60 g Cachaça (Zuckerrohrschnaps)

Hefeteig
70 g Milch
20 g Muscovadozucker
(ersatzweise brauner Rohrzucker)
½ Würfel Hefe (ca. 21 g)
Abrieb von 1 unbeh. Limette
Mark von 1 Tahitivanilleschote
½ TL Kardamompulver
½ TL Ingwerpulver
2 Prisen Meersalz
2 Eier (Größe M)
230 g gesiebtes Weizenmehl
100 g weiche Butter

Füllung
200 g weiche Marzipanrohmasse
2 Eiweiß (Größe M)

Außerdem
Mehl zum Bearbeiten
300 g zerlassene Butter zum Bestreichen
Zucker-Kokosraspel-Gemisch
(Verhältnis 1:1) zum Bestäuben

1. Für die Fruchtmischung alle Zutaten vermengen und zugedeckt mehrere Stunden ziehen lassen.

2. Für den Hefeteig die Milch erwärmen, Zucker und Hefe darin auflösen und die restlichen Zutaten bis auf die Butter zugeben. Alles zu einem glatten Teig kneten, abschließend die Butter unterkneten und den zugedeckten Teig an einem warmen Ort ca. 30 Minuten gehen lassen.

3. Den Teig kneten, zusammenschlagen und auf einer leicht bemehlten Arbeitsfläche zu einem Rechteck von ca. 30 × 45 cm ausrollen.

4. Für die Füllung die Marzipanrohmasse mit dem Eiweiß verkneten und leicht aufrühren.

5. Die Füllung gleichmäßig auf dem Teig verstreichen und die Fruchtmischung darüber verteilen.

6. Den Teig von der langen Seite her zu einer Schnecke aufrollen, diese mit einem scharfen Messer in 1,5 cm dicke Scheiben schneiden und mit ausreichend Abstand auf mit Backpapier ausgelegte Bleche setzen.

7. Die Stollenschnecken noch einmal ca. 20 Minuten gehen lassen.

8. Den Backofen auf 180 °C Ober- und Unterhitze vorheizen.

9. Die Stollenschnecken nacheinander auf mittlerer Schiene ca. 15 Minuten backen und anschließend noch heiß mit der zerlassenen Butter bestreichen und mit dem Kokoszucker bestreuen.

Hinweis
Da die Schnecken weniger Butter als klassischer Stollen enthalten, sind sie nicht so lange haltbar.

Lübecker Mandelstollen

Für 2 Stollen

Ruhezeit: etwa 2–3 Tage
Backzeit: etwa 1 Stunde

Mandel-Frucht-Mischung
300 g geröstete Mandelstifte
180 g Orangeat
60 ml Mandellikör

Füllung
300 g weiche Marzipanrohmasse
15 ml Rosenwasser

Hefeteig
375 g Milch
1½ Würfel Hefe (ca. 60 g)
50 g Honig
100 g weiche Marzipanrohmasse
1 kg gesiebtes Weizenmehl
6 g Meersalz
3 g Macis (Muskatblüte)
1 g Kardamompulver
1 g gemahlene Tonkabohne
Mark von 1 Vanilleschote
Abrieb von 1 unbeh. Zitrone
600 g weiche Butter

Außerdem
Mehl zum Bearbeiten
500 g zerlassene Butter zum Bestreichen
Zucker zum Bestreuen

1. Für die Mandel-Frucht-Mischung alle Zutaten vermengen und zugedeckt an einem nicht zu kalten Ort für einige Tage ziehen lassen.

2. Für die Füllung die Marzipanrohmasse mit dem Rosenwasser verkneten und zu einer Rolle formen.

3. Für den Hefeteig die Milch erwärmen und die Hefe sowie den Honig darin auflösen. Alles einige Minuten gehen lassen.

4. Die Marzipanrohmasse unterrühren. Die Hälfte des Mehls zur Milch geben und alles zu einem Teig verkneten.

5. Das restliche Mehl mit dem Salz und den Gewürzen mischen, den Teig damit bedecken und alles ca. 30 Minuten abgedeckt an einem warmen Ort gehen lassen.

6. Die Hälfte der Butter zugeben, alles zu einem Teig verkneten und dann die restliche Butter unterkneten, sodass ein glatter Teig entsteht. Zum Schluss die Mandel-Frucht-Mischung kurz unterkneten.

7. Den Teig ca. 10 Minuten ruhen lassen, dann halbieren und auf einer leicht bemehlten Arbeitsfläche rechteckig ausrollen. Die Marzipanrolle halbieren und auf je eine Längsseite des Teigs legen, diesen darüberschlagen und aufrollen. Dann in die Mitte mit einer Teigrolle eine Vertiefung drücken und die linke Seite leicht versetzt auf die rechte schlagen. Den entstandenen mittleren Teil mit den Händen zu einem Wulst formen. Den zweiten Stollen auf die gleiche Weise herstellen.

8. Den Backofen auf 180 °C Ober- und Unterhitze vorheizen.

9. Die Stollen ca. 20 Minuten gehen lassen, dann mit Wasser bestreichen und im Backofen auf der mittleren Schiene ca. 1 Stunde backen.

10. Die fertigen Stollen im Anschluss daran zweimal mit zerlassener Butter bestreichen und zum Schluss mit Zucker bestreuen.

Tipp
Sehr aromatisches Marzipan kommt aus der Mittelmeerregion, da der enthaltene Bittermandelanteil höher ist als im Marzipan aus Übersee.

Variante
Eine besonders raffinierte Alternative erhalten Sie, wenn Sie zusätzlich in Mandellikör eingelegte, gehackte Aprikosen vorab in die Marzipanrolle einarbeiten. Der Stollen bekommt dann eine ausgesprochen feine Note.

Kuchen, Torten, Desserts & andere Klassiker

Variante
Die Orangencreme bekommt eine besonders interessante Note, wenn Sie anstelle des Vanillemarks einen Rosmarinzweig verwenden.

Weihnachtstorte

Für 14 Stücke

Backzeit: etwa 35 Minuten

Zusätzliche Backutensilien
Springform (Ø 26 cm)
Spritzbeutel mit Lochtülle
Gasbrenner zum Abflämmen

Nuss-Orangen-Masse
30 g Weizenmehl
1 gestr. TL Backpulver
100 g Zucker
50 g gemahlene Haselnüsse, leicht geröstet
50 g gemahlene Mandeln, leicht geröstet
Abrieb von 1 unbeh. Orange
3 Eier (Größe M)
50 g Haselnussöl
1 Msp. Zimt
1 Msp. Meersalz

Topping
100 g Nuss-Nugat-Masse
Orangenfilets von 3 Orangen

Orangencreme
2 Blatt Gelatine
3 Eier (Größe M)
150 g Zucker
130 g Orangensaft
Abrieb von 1 unbeh. Orange
Mark von 1 Vanilleschote
180 g kalte Butter

Baisermasse zum Ausdekorieren
2 Blatt Gelatine
2 Eiweiß (Größe M)
120 g Zucker
5 g gemahlene Zimtblüten

Außerdem
Butter zum Einfetten
Orangenspalten

1. Den Backofen auf 180 °C Ober- und Unterhitze vorheizen und die Springform mit ein wenig Butter einfetten.

2. Für die Nuss-Orangen-Masse das Mehl mit dem Backpulver mischen und die restlichen Zutaten zugeben. Alles mit einem Rührgerät schnell verrühren und ca. 5 Minuten auf höchster Stufe aufschlagen.

3. Die Masse in die Springform füllen, gleichmäßig verteilen. Für das Topping den Nussnugat in einen Spritzbeutel geben und kleine Tupfen auf den Boden spritzen. Die Orangenfilets ebenfalls auf dem Boden verteilen und im Backofen auf der mittleren Schiene ca. 35 Minuten backen.

4. Den fertigen Boden auskühlen lassen, vorsichtig aus der Form lösen und auf eine Tortenplatte setzen. Den Rand der Springform säubern und diesen wieder um den Boden platzieren oder falls vorhanden mit einem tortenring umstellen.

5. Für die Orangencreme die Gelatine in kaltem Wasser einweichen, quellen lassen und dann ausdrücken.

6. Die Eier mit Zucker, Orangensaft, der abgeriebenen Orangenschale sowie dem Vanillemark in eine Schüssel geben und über einem heißen Wasserbad so lange rühren, bis die Creme zu stocken beginnt.

7. Die ausgedrückte Gelatine in der Masse auflösen und die kalte Butter Stück für Stück mit einem Pürierstab unterrühren. Die Creme gelingt besonders gut, wenn die Butter gefroren ist und in kleinen Würfeln untergerührt wird.

8. Die Orangenmasse durch ein Sieb auf den fertigen Nussboden streichen und im Kühlschrank erkalten lassen, anschließend den Springformrand vorsichtig lösen.

9. Für die Baisermasse die Gelatine in kaltem Wasser einweichen, quellen lassen und anschließend ausdrücken.

10. Das Eiweiß aufschlagen. Den Zucker mit den Zimtblüten mischen, nach und nach unter das Eiweiß geben und alles zu einem stabilen Schnee aufschlagen.

11. Die ausgedrückte Gelatine in einem kleinen Topf erwärmen und auflösen. Diese zunächst mit 1 Esslöffel Eiweißmasse verrühren und dann zum restlichen Eiweiß geben.

12. Den Baiser in einen Spritzbeutel mit Lochtülle füllen und die Torte nach Belieben verzieren. Dann mit einem Gasbrenner die Baisermasse leicht abflämmen.

13. Die Torte abschließend mit Orangenspalten verzieren.

Bratapfeltorte

Für 12 Stücke

Backzeit: etwa 75–90 Minuten

Zusätzliche Backutensilien
Springform (Ø 26 cm)
Spritzbeutel mit großer Lochtülle

Bratäpfel
7 säuerliche Äpfel
(am besten eine alte Sorte)
150 g weiche Marzipanrohmasse
50 g weiche Butter
20 ml Rum
50 g Rumrosinen
Mark von 1 Vanilleschote
Abrieb von 1 unbeh. Zitrone
1 Ei (Größe M)

Rührteig
250 g weiche Butter
200 g brauner Zucker
4 Eier (Größe M)
Mark von 1 Vanilleschote
Abrieb von 1 unbeh. Orange
1 TL Lebkuchengewürz
30 g Kakaopulver
100 g gemahlene Haselnüsse, geröstet
200 g gehackte Bitterkuvertüre
125 g Speisestärke
125 g Weizenmehl

Außerdem
Butter zum Einfetten

1. Den Backofen auf 180 °C Ober- und Unterhitze vorheizen und die Springform fetten.

2. Für die Bratäpfel die Äpfel waschen und mithilfe eines Ausstechers das Kerngehäuse entfernen.

3. Die Marzipanrohmasse mit den restlichen Zutaten zu einer glatten Masse verkneten und diese in die Äpfel füllen.

4. Die Äpfel in eine Fettpfanne setzen, im Backofen auf mittlerer Schiene ca. 10 Minuten backen und danach auskühlen lassen.

5. Für den Rührteig die Butter mit dem Zucker, den Eiern und den Gewürzen schaumig rühren.

6. Das Kakaopulver mit den restlichen Zutaten mischen und unter die Buttermasse mengen.

7. Die Hälfte der Masse in eine gefettete Springform geben und gleichmäßig auf dem Boden verteilen. Die Äpfel daraufsetzen. Den restlichen Teig in einen Spritzbeutel mit Lochtülle füllen und diesen rund um die Äpfel spritzen.

8. Den Kuchen im Backofen auf dem Rost auf unterster Schiene ca. 60–75 Minuten backen. Nach 60 Minuten ab und zu mit einem Holzspieß prüfen, ob der Kuchen gar ist. Falls noch Teig am Spieß haftet, noch einige Minuten weiterbacken.

9. Nach dem Backen den Kuchen aus dem Backofen nehmen, etwas abkühlen lassen und aus der Form lösen.

Tipp
Bestäuben Sie die Bratapfeltorte kurz vor dem Servieren mit ein wenig Puderzucker und servieren Sie sie noch warm mit Vanilleeis.

Variante
Spielen Sie mal mit den Zutaten für die Apfelfüllung und verwenden Sie z.B. Nugat und Cranberries.

Variante
Exotischer wird der Strudel, wenn Sie anstelle von Lebkuchengewürz und Apfel eine Füllung aus getrockneter Ananas, Mango, Banane, Kokos und frischer Maracuja verwenden.

Wiener Weihnachtsstrudel

Für ca. 10 Stücke

Ruhezeit: etwa 30 Minuten
Backzeit: etwa 1 Stunde

Strudelteig
200 g Weizenmehl
20 ml Speiseöl
ca. 110 ml Wasser
1 Eigelb (Größe M)
1 Prise Meersalz
180 g Butter

Bröselfüllung
80 g Butter
100 g Semmelbrösel
20 g Zucker
2 g gemahlene Zimtblüten

Apfelfüllung
1 kg Äpfel (am besten eine alte, aromatische Sorte)
100 g gehackte Dörrfrüchte
50 g Orangeat
200 g Lebkuchenbrösel
100 g Zucker
70 g Rumrosinen
50 g gehackte Walnüsse
50 g gehackte Haselnüsse, geröstet
3 g gemahlene Zimtblüten
1 g Nelkenpulver
1 g Pimentpulver
1 g Macis (Muskatblüte)
Mark von 1 Vanilleschote
Saft und Schale von 1 unbeh. Zitrone

Außerdem
Mehl zum Bearbeiten
Puderzucker zum Bestäuben

1. Für den Strudelteig alle Zutaten bis auf die Butter zu einem glatten, elastischen Teig verkneten. Diesen in Frischhaltefolie eingewickelt für ca. 30 Minuten an einem warmen Ort ruhen lassen.

2. Den Teig auf einer mit Mehl bestäubten Arbeitsfläche so dünn wie möglich ausrollen und auf ein großes, mit Mehl bestäubtes Strudel- oder Küchentuch legen. Den Teig mit den Handrücken von innen nach außen ziehen, bis er so dünn ist, dass man eine Zeitung durch ihn lesen könnte. Er sollte am Ende eine Größe von mindestens 70 × 70 cm haben.

3. Den Backofen auf 200 °C Ober- und Unterhitze vorheizen und ein Backblech mit Backpapier auslegen.

4. Die Butter in einem Topf zerlassen und damit die Teigoberfläche bestreichen. Die restliche Butter beiseitestellen.

5. Für die Bröselfüllung die Butter in einer Pfanne zerlassen, die restlichen Zutaten zugeben und alles goldbraun rösten.

6. Die Brösel gleichmäßig auf den vorbereiteten Strudelteig geben.

7. Für die Apfelfüllung die Äpfel schälen, achteln, die Kerngehäuse entfernen und in Scheiben schneiden. Mit den restlichen Zutaten zu einer lockeren Masse vermengen und diese auf dem unteren Drittel des Strudelteigs der Länge nach gleichmäßig verteilen.

8. Den Teig vorsichtig über die Apfelfüllung ziehen, dabei die Teigränder einschlagen und mithilfe des Tuchs den Strudel vorsichtig straff einrollen.

9. Den fertig gewickelten Strudel auf das Backblech legen und auf der mittleren Schiene ca. 1 Stunde backen.

10. Den Strudel während der gesamten Backzeit in regelmäßigen Abständen mit der restlichen flüssigen Butter bestreichen.

11. Den Strudel nach dem Backen etwas abkühlen lassen und mit Puderzucker bestäubt servieren.

Tipp
Wenn es zur Weihnachtszeit mal schnell gehen muss, können Sie auch auf fertigen Strudelteig oder auf Filo- bzw. Yufkateig zurückgreifen, den Sie im gut sortierten Supermarkt bekommen.

Früchtebrot
Berewecke · Birnenbrot · Schnitzbrot · Kletzenbrot
Hutzel- oder Hutzenbrot

Für 4 Brote (à ca. 500 g)

*Ruhe- bzw. Kühlzeit:
etwa 2 Stunden
Backzeit pro Blech:
etwa 55 Minuten*

Fruchtfüllung
250 ml Glühwein
250 ml Orangensaft
30 g Honig
1 EL Lebkuchengewürz
300 g getr. Birnen, gehackt
300 g getr. Pflaumen, gehackt
100 g getr. Aprikosen, gehackt
100 g getr. Äpfel, gehackt
100 g Weizenmehl
50 g gehackte Walnüsse
50 g grob gehackte Haselnüsse
100 g Rosinen
100 g gemahlene Mandeln, fein geröstet
50 ml Kirschwasser

Teig
130 g Milch
2 Eier (Größe M)
6 g Meersalz
10 g Zucker
120 g weiche Butter
500 g Weizenmehl

Außerdem
Mehl zum Bearbeiten
2 Eigelb (Größe M) zum Bestreichen
kandierte Früchte

1. Für die Fruchtfüllung den Glühwein mit Orangensaft, Honig und Lebkuchengewürz mischen und aufkochen.

2. Das Trockenobst in diesen Sud geben und mindestens 1 Stunde ziehen lassen, anschließend abgießen und für 15 Minuten über einem Sieb abtropfen lassen.

3. Das Mehl sieben, mit den Nüssen, Rosinen und gemahlenen Mandeln vermengen und unter die Fruchtmischung rühren. Erst zum Schluss das Kirschwasser unterrühren.

4. Die Masse in 4 Portionen teilen, zu Laiben formen und kühl stellen.

5. Für den sogenannten Einwickelteig die Milch mit den Eiern, dem Salz und dem Zucker verquirlen. Mit Butter sowie gesiebtem Mehl zu einem glatten Teig verkneten. Diesen in Folie gewickelt ca. 1 Stunde kalt stellen.

6. Den Backofen auf 180 °C Ober- und Unterhitze vorheizen und 2 Backbleche mit Backpapier auslegen.

7. Den Einwickelteig auf einer leicht bemehlten Arbeitsfläche ca. 2 mm dünn ausrollen, die Fruchtlaibe darin einschlagen und je 2 Laibe mit der Schlussnaht nach unten auf die Backbleche setzen.

8. Die beiden Eigelbe verquirlen und die Früchtebrote damit bestreichen, anschließend mit kandierten Früchten garnieren.

9. Die Brote nacheinander auf mittlerer Schiene ca. 20 Minuten anbacken dann die Backtemperatur auf 160 °C reduzieren und weitere 35 Minuten backen.

Tipp
Früchtebrot ist sehr vielseitig einsetzbar und passt sowohl zu Glühwein, Konfitüre oder Käse.

Varianten
Probieren Sie einmal andere Früchte aus. Gut schmecken z.B. auch exotischere Obstsorten wie getrocknete Ananas, Banane oder Mango. Und wenn's mal schnell gehen soll: Die Füllung lässt sich auch perfekt in Silikonförmchen backen.

Weihnachtsdessert

Tonkabohnen-Honig-Parfait mit flüssigem Schokoladenkuchen, Thymiankirschen und Orangenfilets

Für 10 Portionen

Kühlzeit: über Nacht
Backzeit: etwa 8–10 Minuten

Zusätzliche Utensilien
10 Portionsförmchen

Flambierte Thymiankirschen mit Orangen
400 g Sauerkirschen (tiefgekühlt oder aus dem Glas)
100 g Zucker
4 Zweige Thymian
4 unbeh. Orangen
20 ml Rum

Balsamicokaramell
100 g Zucker
ca. 80 ml Balsamico

Tonkabohnen-Honig-Parfait
1 Tonkabohne
100 g Milch
4 Eigelb (Größe M)
50 g Zucker
50 g Honig
400 g Sahne

Flüssiger Schokoladenkuchen
180 g Bitterschokolade (70 % Kakaoanteil)
100 ml Olivenöl
60 g Butter
60 g gesiebtes Weizenmehl
1 gestr. TL Thymian, fein gehackt
1 Prise Meersalz
60 g feinster Zucker
3 Eier (Größe M)

Dekor
einige Blätter Filo- oder Yufkateig
Öl zum Ausbacken
Puderzucker zum Bestäuben

1. Für die flambierten Thymiankirschen die Kirschen über einem Sieb abgießen, den Saft dabei auffangen. Den Zucker in einer Pfanne karamellisieren, bis er braun ist, und anschließend mit dem aufgefangenen Kirschsaft ablöschen.

2. Den Thymian waschen, trocken schütteln und klein hacken. 1 Orange heiß abwaschen, abtrocknen und die Schale fein abreiben. Dann alle Orangen samt der weißen Haut schälen und die Früchte filetieren.

3. Thymian, Orangenabrieb, Kirschen und Orangenfilets in die Pfanne zum karamellisierten Zucker geben und vorsichtig alles vermischen, dann ziehen lassen. Den Rum erwärmen, zu den Zutaten in die Pfanne geben und alles flambieren.

4. Für den Balsamicokaramell in einer weiteren Pfanne den Zucker erhitzen, bis er braun karamellisiert. Diesen nach und nach mit Balsamico ablöschen.

5. Für das Tonkabohnen-Honig-Parfait zunächst die Tonkabohne fein reiben und dann in einem Topf zusammen mit der Milch aufkochen.

6. Die Eigelbe zusammen mit Zucker und Honig schaumig rühren, dann die Milch zugießen und alles über einem nicht zu heißen Wasserbad (optimal ist eine Temperatur von 85 °C) zur Rose abziehen, sprich zu einer cremigen Masse verrühren. Diese dann so lange schlagen, bis sie kalt ist.

7. Die Sahne schlagen, davon ein Drittel zügig unter die Creme rühren und die restliche Sahne unterheben. Das Tonkabohnen-Honig-Parfait in Portionsförmchen füllen und im Tiefkühlschrank ca. 6 Stunden, am besten aber über Nacht, gefrieren.

8. Für die Dekoration den Filoteig sternförmig in 2 bis 3 Sterne je Portion zuschneiden und in einer Pfanne in heißem Öl ausbacken. Die Sterne dann auf Küchenkrepp geben, das Fett ein wenig abtupfen und das Gebäck mit Puderzucker bestäuben.

9. Den Backofen auf 220 °C Ober- und Unterhitze vorheizen.

10. Für den flüssigen Schokoladenkuchen die Bitterschokolade mit Olivenöl und Butter über einem Wasserbad schmelzen.

11. Das Mehl mit dem fein gehackten Thymian und dem Meersalz mischen und vorsichtig unter die Schokoladenmasse rühren, ohne diese dabei schaumig zu schlagen.

12. Den Zucker mit den Eiern zu einem festen Schaum schlagen und vorsichtig unter die Schokoladenmasse heben.

13. Die Masse anschließend beispielsweise in gefettete und gezuckerte Espressotassen füllen und im Backofen auf mittlerer Schiene ca. 8–10 Minuten backen. Diese dann 1 Minute auskühlen lassen und vorsichtig aus der Form lösen.

14. Auf die Dessertteller zuerst das Parfait sowie den Schokoladenkuchen platzieren. Die Thymiankirschen drum herum anrichten. Alles abschließend mit Balsamicokaramell überspinnen und mit den Filoteigsternen dekorieren.

Tipp:
Besonders gut schmeckt das Dessert, wenn Sie das Schokoladenküchlein noch warm und mit flüssigem Kern servieren.

Variante
Und wenn Sie den Kuchen in kleinen Blumentöpfchen aus Ton backen, erhalten Sie ein schönes, sehr persönliches Weihnachtsgeschenk aus der eigenen Küche.

Panettone
Italienischer Weihnachtskuchen

Für 2 Stück

Ruhezeit: etwa 70 Minuten
Backzeit: etwa 55 Minuten

Zusätzliches Backutensil
kleine Springform oder
Panettone-Form aus Papier

Hefeteig
250 g Milch
1 Würfel Hefe (42 g)
25 g Honig
600 g Weizenmehl
300 g Butter
100 g Zucker
1 Prise Meersalz
Abrieb von 1 unbeh. Zitrone
Mark von 1 Vanilleschote
1 TL Orangenblütenwasser
8 Eigelb (Größe M)
100 g Orangeat, fein gehackt
150 g Sultaninen

Glasur
100 g weiche Marzipanrohmasse
5 Tropfen Bittermandelöl
2 Eiweiß (Größe M)
30 g ganze Mandeln, ungeschält
30 g Hagelzucker

Außerdem
Butter zum Einfetten
Mehl zum Bearbeiten
Puderzucker zum Bestäuben

1. Für den Hefeteig die Milch zunächst erwärmen, dann die Hefe zusammen mit dem Honig zugeben und beides unter Rühren auflösen. Das Mehl darübersieben und alles leicht verkneten.

2. Die Butter in einem Topf schmelzen, anschließend etwas abkühlen lassen und mit dem Zucker, den Gewürzen und den Eigelben schaumig schlagen.

3. Den Butterschaum zum Hefeansatz geben und alles zu einem glatten Teig verkneten, dies kann bis zu 30 Minuten dauern. Dann zugedeckt ca. 30 Minuten an einem warmen Ort gehen lassen.

4. Das Orangeat und die Sultaninen unter den Teig kneten. Diesen weitere 30 Minuten an einem warmen Ort zugedeckt gehen lassen.

5. Die Backform fetten. Den Teig auf einer leicht bemehlten Arbeitsfläche gut durchkneten und in die Form füllen. Diesen darin abgedeckt noch einige Minuten gehen lassen.

6. Den Backofen auf 200 °C Ober- und Unterhitze vorheizen.

7. In der Zwischenzeit die Glasur herstellen. Dafür die Marzipanrohmasse mit dem Bittermandelöl und dem Eiweiß zunächst glatt kneten und anschließend leicht schaumig rühren.

8. Sobald der Hefeteig gut aufgegangen ist, diesen mit der Glasur bestreichen und mit Mandeln und Hagelzucker bestreuen.

9. Den Panettone zu Beginn bei 200 °C ca. 25 Minuten anbacken und schließlich bei 180 °C ca. 30 Minuten fertig backen.

10. Etwas auskühlen lassen, aus der Form lösen bzw. stürzen, wenden und vollständig auskühlen lassen.

Hinweis
Original Panettone wird aus Natursauerteig anstelle von Hefeteig hergestellt. Diese Art der Zubereitung dauert jedoch länger und erfordert einiges an Fingerspitzengefühl.

Bûche de Noël
Weihnachtsbaumstamm

Für 12 Stücke

Kühlzeit: etwa 1 Stunde
Backzeit: etwa 15 Minuten

Zusätzliche Backutensilien
Winkelpalette
Spritzbeutel mit Lochtülle

Schokoladenbiskuit
4 Eiweiß (Größe M)
115 g Zucker
70 g weiche Marzipanrohmasse
3 Eigelb (Größe M)
35 g Kakaopulver

Schokoladensahne
50 g Bitterschokolade (70% Kakaoanteil)
10 g Puderzucker
500 g Sahne
30 ml Rum

Cassis-Bananen-Konfit
4 Blatt Gelatine
1 Banane
300 g Schwarze Johannisbeerkonfitüre
30 ml Rum

Maronencreme
500 g gegarte Maronen (aus der Dose oder vakuumverpackt)
50 g weiche Butter
10 g Vanillezucker
10 ml Rum

Außerdem
Butter zum Einfetten
12 Amarenakirschen
Zuckersterne zum Dekorieren

1. Den Backofen auf 180 °C Ober- und Unterhitze vorheizen. Ein Backblech mit Backpapier auslegen und mit ein wenig Butter einfetten.

2. Für den Schokoladenbiskuit das Eiweiß und den Zucker zu festem Schnee schlagen.

3. Die Marzipanrohmasse mit den Eigelben verrühren und schaumig schlagen. Diese und den Eischnee abwechselnd mit dem Kakaopulver zu einem Teig vermengen. Den Teig gleichmäßig auf dem Blech verstreichen und im Backofen auf mittlerer Schiene ca. 15 Minuten backen.

4. Für die Schokoladensahne die Bitterschokolade über einem heißen Wasserbad schmelzen und mit dem Puderzucker verrühren.

5. Die Sahne steif schlagen, davon ein Drittel zügig unter die Schokoladenmasse rühren und den Rest vorsichtig unterheben. Dabei ist insbesondere am Anfang darauf zu achten, dass eine homogene Masse entsteht. Zum Schluss den Rum hinzugeben.

6. Die Schokoladensahne mit einer Winkelpalette gleichmäßig auf dem Biskuit verteilen. Diesen dann mithilfe des Backpapiers vorsichtig aufrollen. Anschließend die Biskuitrolle ca. 1 Stunde in den Kühlschrank stellen, bis sie fest ist.

7. Für das Cassis-Bananen-Konfit die Gelatine in kaltem Wasser einweichen, quellen lassen und dann ausdrücken.

8. Die Banane schälen, fein hacken und in einem Topf zusammen mit der Johannisbeerkonfitüre aufkochen.

9. Die Gelatine darin auflösen, den Rum zugeben und alles durch ein Sieb streichen. Das Konfit gut durchrühren und anschließend die Biskuitrolle damit bestreichen. Den Rest als Sauce dazureichen.

10. Für die Maronencreme die gegarten Maronen durch eine Kartoffelpresse drücken und mit den restlichen Zutaten zu einer glatten Masse verrühren. Diese in einen Spritzbeutel füllen und die Biskuitrolle damit verzieren. Mit Amarenakirschen und den Zuckersternen dekorieren.

Tipp
Sie können die Maronencreme leichter auf der Biskuitrolle verteilen, wenn Sie anstelle eines normalen Spritzbeutels eine spezielle Maronentülle verwenden.

Variante
Sehr gut schmeckt der Bûche de Noël, wenn Sie anstelle des Cassis-Bananen-Konfits Amarenakirschen nehmen.

Grundrezepte & Glasuren

Temperieren von Kuvertüre und Schokolade	Die im Rezept angegebene Menge an Kuvertüre bzw. Schokolade fein hacken. Zwei Drittel davon in einer Schüssel über einem Wasserbad bei einer Temperatur von etwa 45 °C (weiße Kuvertüre sowie Vollmilchkuvertüre) bis maximal 50 °C (Bitterkuvertüre) schmelzen. Die geschmolzene Schokolade gut umrühren und das restliche Drittel der fein gehackten Kuvertüre unterrühren, bis alle Stückchen geschmolzen sind. Auf diese Weise kühlt die Masse auf ca. 30–32 °C ab. Über dem Wasserbad auf etwa 29–30 °C (weiße Kuvertüre und Vollmilchkuvertüre) bzw. 30–32 °C (Bitterkuvertüre) halten. Bei diesen Temperaturen lässt sich die Kuvertüre bzw. Schokolade am besten verarbeiten. Sie bekommt auf diese Weise nach dem Festwerden einen schönen Glanz sowie einen unvergleichlichen Schmelz – und zergeht besonders gut auf der Zunge. Tipp: Verwenden Sie am besten ein Digitalthermometer, um die Temperaturen zu kontrollieren.
Wasser-Puderzucker-Glasur	250 g Puderzucker 3–4 EL heißes Wasser Zubereitung: Den Puderzucker sieben, dann nach und nach mit dem Wasser zu einer dickflüssigen Masse verrühren. Das vorbereitete Gebäck sofort damit bestreichen. Varianten: Bei der Zubereitung verfahren Sie, wie oben beschrieben. Das Wasser ersetzen Sie durch die im Folgenden jeweils angegebene Flüssigkeit bzw. geben dem Puderzucker das entsprechende Pulver hinzu.
Zitronenglasur	3–4 EL Zitronensaft
Rumglasur	3–4 EL Rum
Kaffeeglasur	1 TL gefriergetrockneter Kaffee 3–4 EL heiße Milch
Zimtglasur	1 TL Zimtpulver 3–4 EL heißes Wasser
Kirschglasur	3–4 EL Kirschsaft
Eigelbglasur	1 Eigelb (Größe M) 2–3 EL heiße Milch
Kakaoglasur	30 g schwach entöltes Kakaopulver 3–4 EL heiße Milch 25 g zerlassenes Kokosfett

Schokoladenglasur

100 g geriebene Bitterkuvertüre
150 g Puderzucker
2–4 EL heiße Milch
15 g Kokosfett

Zubereitung: Die Kuvertüre über einem Wasserbad schmelzen, dann den Puderzucker dazusieben und die heiße Milch unterrühren. Abschließend das Kokosfett darin schmelzen.
Tipp: Wer eine hochwertigere Variante anstrebt, kann gern auch temperierte Kuvertüre verwenden.

Eiweißglasur

1 Eiweiß (Größe M)
150 g Puderzucker
1 Spritzer Zitronensaft

Zubereitung: Alle Zutaten mit einem Rührlöffel glatt rühren, die Masse dann so stabil schlagen, wie man es möchte.
Tipp: Komplett steif geschlagen eignet sich diese Glasur z.B. für die Garnierung der Rathausspatzen (siehe Seite 38). Soll sie aber weniger dickflüssiger werden, kann sie einfach mit Wasser verdünnt werden.

Gekochte Zuckerglasur
z.B. für Lebkuchen

100 g Zucker
30 ml Wasser

Zubereitung: Alle Zutaten in einem Topf auf 105–109 °C erhitzen. (Zuckergrad: starker Faden, am besten verwenden Sie ein Zuckerthermometer). Die Glasur mit einem Backpinsel auf die noch heißen Gebäcke streichen. Je häufiger man sie damit einstreicht, desto weißer wird die Glasur.

Stärkeglasur
z.B. für Lebkuchen

50 g Speisestärke (vorzugsweise Kartoffelstärke)
150 ml Wasser

Zubereitung: Die Stärke im vorgeheizten Backofen bei 180 °C Ober- und Unterhitze so lange rösten, bis sie goldgelb ist. Anschließend die Stärke mit dem Wasser anrühren und kurz aufkochen. Damit dann die Lebkuchen glasieren.

Gummiarabikum-Glasur
z.B. für Bethmännchen und Berner Haselnusslebkuchen

20 g Gummiarabikum-Pulver (aus der Apotheke)
20 ml Wasser

Zubereitung: Die Zutaten mischen und in einem Topf kurz aufkochen. Damit das Gebäck direkt nach dem Backen glasieren.

Eistreichglasur
z.B. für Buttergebäck

1 Ei (Größe M)
1 EL Milch
1 Prise Salz
1 Prise Zucker

Zubereitung: Alle Zutaten miteinander verrühren und vor dem Backen mit einem Backpinsel dünn auf das Backgut auftragen.

Rezeptregister

Deutsche Klassiker

Anisplätzchen	66
Bärentatzen	41
Baumkuchenspitzen	51
Bethmännchen	19
Buttergebäck	20
Butter-S	37
Dattelmakronen	54
Fränkische Schneebälle	32
Hägemakronen *mit Rosenwasser*	26
Hamburger Braune Kuchen	48
Heidesand	28
Ingwerkipferl	52
Kalter Hund mit Oblaten	65
Kardamomwaffeln	33
Kokosmakronen	59
Mandelmakronen	47
Marzipankartoffeln	44
Michelstädter Rathausspatzen	38
Muskaziner	27
Nussmakronen	12
Ochsenaugen	13
Odenwälder Dreispitz	56
Romias Weihnachtsflorentiner	24
Rumkugeln *mit Schokostreuseln*	63
Schmalznüsse	49
Schneesterne *mit nussiger Baisermasse*	43
Schwarz-Weiß-Gebäck	15
Spekulatius	60
Spitzbuben	31
Spritzgebäck	9
Terrassenkekse	23
Vanille-Brezeln	22
Vanillekipferl	11
Walnussrauten	34
Wibele	42
Wolfszähne	62
Wurstplätzchen	55
Zimtsterne	16

Internationales Weihnachtsgebäck

Albertli	94
Alfajores - *Argentinische Karamellplätzchen*	77
Anis-Chräbeli	97
Apfel-Rum-Rosinen-Cookies	73
Braune Linzer Augen	89
Brutti ma buoni - *Piemontesische Makronen*	78
Cantuccini - *Schokoladen-Pistazien-Kirsch-Cantuccini*	82
Caramel-Ginger-Crunchies	71
Crocants - *Französisches Nussgebäck*	98
Engadiner Konfekt	93
Erdnusscookies	69
Hafer-Ingwer-Cookies	70
Ischler Törtchen	90
Jødekager - *Schwedische Pfeffernüsse*	101
Macarons - *Grüntee-Mandel-Macarons mit Maracuja-Mango-Konfit*	99
Orange-Jelly-Cookies	74
Ossa da mordere - *Italienisches Haselnussgebäck*	85
Pangani - *Italienisches Mandellikörgebäck*	81
Pugliesi - *Italienisches Marzipangebäck*	86
Quittenravioli	75
Zedernbrot	102

Neue Kreationen

Earl-Grey-Sterne	116
Grüntee-Cookies *mit Cranberries*	110
Kürbiskern-Buchweizenecken	114
Latte-macchiato-Kekse	106
Mohn-Preiselbeer-Makronen	113
Orientalische Florentiner Berge	105
Schokoladen-Chili-Stäbchen	108
Thymiankekse *mit Orangen-Trüffel-Füllung und Vollmilchschokolade*	109

Lebkuchen

Aachener Printen	124
Basler Leckerli	128
Berner Haselnusslebkuchen	130
Elisenlebkuchen	119
Magenbrot	120
Pfeffernüsse	121
Pulsnitzer Pfefferkuchen	127
Thorner Kathrinchen	126
Weiße Dominosteine	123

Weihnachtsstollen

Exotische Stollenschnecken	141
Hüttentaler Quarkstollen	134
Lübecker Mandelstollen	142
Mohnstriezel	138
Rheingauer Rieslingstollen	136
Rotweinstollen	137
Stollen Dresdner Art	133

Kuchen, Torten, Desserts & andere Klassiker

Bratapfeltorte	146
Bûche de Noël - *Weihnachtsbaumstamm*	154
Früchtebrot	150
Panettone - *Italienischer Weihnachtskuchen*	153
Weihnachtsdessert	151
Weihnachtstorte	145
Wiener Weihnachtsstrudel	149

Grundrezepte & Glasuren

Eigelbglasur	156
Eistreichglasur	157
Eiweißglasur	157
Gekochte Zuckerglasur	157
Gummiarabikum-Glasur	157
Kaffeeglasur	156
Kakaoglasur	156
Kirschglasur	156
Rumglasur	156
Schokoladenglasur	157
Stärkeglasur	157
Temperieren von Kuvertüre und Schokolade	156
Wasser-Puderzucker-Glasur	156
Zimtglasur	156
Zitronenglasur	156

Danksagung

Am Ende dieses Buchs möchte ich die Gelegenheit ergreifen, meinem gesamten Team für die wunderbare Unterstützung zu danken. Mein besonderer Dank gilt zudem meiner Familie: meinen Eltern, die meine Liebe zum Backen geweckt haben, meiner Schwester, die mir mit Rat und Tat zur Seite gestanden hat sowie meiner Frau und meinen Kindern, die immer für mich da waren.

Euer Bernd

Besuchen Sie meine Internetseiten:
www.cafe-siefert.de und www.bernd-siefert.de

Impressum

Weihnachtsbäckerei
Meine Backrezepte zur Weihnachtszeit
von Bernd Siefert

Herausgeber
Ralf Frenzel

© 2009
Tre Torri Verlag GmbH, Wiesbaden
www.tretorri.de

Idee, Konzeption und Umsetzung:
CPA! Communications- und Projektagentur GmbH, Wiesbaden
Die CPA! ist Mitglied der Deutschen Akademie für Kulinaristik und fördert Slow Food Deutschland e.V.
www.cpagmbh.de

Gestaltung/Illustration: Gaby Bittner, Wiesbaden
Fotografie: Hoffmann Fotodesign, Delmenhorst
Reproduktion: Lorenz & Zeller, Inning a. A.

Printed in Germany

ISBN 978-3-941641-05-1

Haftungsausschluss
Die Inhalte dieses Buchs wurden von Herausgeber und Verlag sorgfältig erwogen und geprüft. Dennoch kann eine Garantie nicht übernommen werden. Die Haftung des Herausgebers bzw. des Verlags für Personen-, Sach- und Vermögensschäden ist ausgeschlossen.